現代に生きる法華経

菅野博史

第三文明社　レグルス文庫 269

はしがき

私は大学院に入学するまで、幼少から親しんできた日蓮遺文《いぶん》（御書）に頻出《ひんしゅつ》する中国の天台教学を学びたいと思っていました。日蓮教学を理解するためには、その理論的基盤である天台教学を学ばなければならないと思ったからです。大学院の口述試験においても、天台三大部（『法華文句《ほっけもんぐ》』『法華玄義《げんぎ》』『摩訶止観《まかしかん》』）を研究したいと率直に述べました。そのとき、研究室の主任教授であった玉城《たまき》康四郎先生は、島地大等《しまじだいとう》先生から坂本幸男先生への指導を例に引かれ、「若いときは広い視野に立って研究を進めるように」との貴重なご指導をしてくださいました。私が日蓮教学と天台教学とを短絡的に結びつけ、視《し》野《や》の狭い態度を取っていたことに対するご指導だったと思います。

そこで、修士課程に進学後は、ひとまず天台三大部を横に置いて、吉蔵《きちぞう》（五四九～六二三）の法華経注釈《ちゅうしゃく》書に取り組んだのです。吉蔵は隋代の代表的な仏教者で、三論宗を大成した人として有名です。彼はインドのナーガールジュナ（龍樹《りゅうじゅ》）の思想的流れをくむ人ですが、『法華経』に対して、四種もの注釈書（『法華玄論《げんろん》』『法華義疏《ぎしょ》』『法華遊意《ゆうい》』『法華統略《とうりゃく》』）を執筆したのでした。玉城先生は私の大学院進学と同時に退官されて、東北大学に移られましたので、日本仏教の講座の担当者で、中国の天台教学にも造詣《ぞうけい》の深い田村芳朗先生に指導教官をお願いしました。私は、田村先生のご指導のもと、「嘉祥《かじょう》大師吉蔵の法華経観」という論文によって修士の学位を得ました。

博士課程進学後は、吉蔵以外の仏教者、たとえば、道生《どうしょう》、法雲《ほううん》、南岳慧思《なんがくえし》、天台智顗《てんだいちぎ》などの法華経注釈書を研究するとともに、研究分野を拡大するために、『法華経』のほかに、『涅槃経《ねはんぎょう》』『維摩経《ゆいまきょう》』の注釈書の研究にも取り組みました。その後、博士論文を提出する時機が熟したため、改めてそれまでの中国における法華経注釈書の研究を整理し、「中国における法華経疏《ほけきょうしょ》の研究」と題する学位請求論文を東京大学に提出し、幸いに一九九四年に文学博士の学位を授与されました。この博士論文は、『中国法華思想の研究』（春秋社、一九九四年）として刊行されました。

このような私の研究歴から知られるように、私の専門は大乗経典に対する中国の注釈書の研究であり、最も力を入れて研究してきたものがほかならぬ『法華経』の注釈書です。注釈書というものは、経典に対する解説書ですから、注釈書の研究を行なうに際しては、もととなる経典の存在を忘れてはなりません。「論語読みの論語知らず」という言葉がありますが、「注釈書読みの経典知らず」になってはならないということです。自分自身が経典をよく知らなければ、注釈者の苦労、工夫が自分に伝わってこないといえます。このことは私の尊敬する中国仏教研究者の横超《おうちょう》慧日《えにち》先生からご指導いただいたことです。

そこで、私の場合は中国仏教を専攻していますので、主に鳩摩羅什《くまらじゅう》訳『妙法蓮華経』(『法華経』と略称する)について取り組んできました。中国の法華経注釈書はすべてこの鳩摩羅什訳に対するものです。これまで、研究者として、一貫して中国の法華経注釈書の研究を進めながら、『法華経』そのものにも関心を寄せ続け、『法華経の七つの譬喩《ひゆ》』(第三文明社)、『法華経—永遠の菩薩《ぼさつ》道』(大蔵出版)、『法華経入門』(岩波書店)などの『法華経』

の入門的解説書を刊行してきました。これらの書物は、『法華経』から生きる指針を学ぶという私自身の問題意識が底流にはあるものの、主として『法華経』そのものの解説に焦点を当てたものでした。

しかしながら、言うまでもなく、『法華経』は過去の古典にとどまるだけでなく、現代の生きた信仰として重視されている聖典でもあります。『法華経』を生き方の根本に据《す》えたとき、現代の諸問題にどのような応答が可能であるのか、この問題は常に私の心にあります。人類が直面する現代の諸問題は、過去の聖典が成立したときには思いも及ばなかった新しい問題ですから、そのような聖典に具体的な処方箋《せん》を期待することはそもそも的外《まと》れでしょう。しかしながら、問題を解決するうえで決定的なカギとなるのは、人間の生き方の根本的な転換ではないでしょうか。もしそうであれば、私としては『法華経』の思想そのものを深く掘り起こしつつ、そこに説かれた仏教的な叡智《えいち》をくみ取り、現代の諸問題について考え続けていきたいと思っています。

幸い、東洋哲学研究所の研究員として、そのような問題に取り組む機会を与えられ、また実際に中国やアメリカで開催された国際シンポジウムの場で発表する機会も与えられてきました。今回、本書を編《あ》むにあたり、もととなった論文は、主に二〇〇三年から『東洋学術研究』に掲載された論文であります（初出一覧は巻末に掲載）。これらの論文を適宜並べ、さらに読者の理解の便《べん》のために、『法華経』に関するごく簡潔な説明を最初に置きました。浅薄で微々たる成果ですが、読者の皆様とともに今後も考察を深めていきたいと思います。なお、通読の便宜を考え、可能な限り、重複箇所の削除、注記の一部の本文内への組み込み（注そのものは通し番号として本書の末尾に置く）など、さまざまな補正を施しました。また各章の冒頭に、著者の問題意識、着眼点などを加えました。

本書の企画、編集、校正、索引の全般にわたって、第三文明社にはひとかたならぬお世話になりました。衷心よりの感謝を申し上げます。

二〇〇九年五月

菅野博史

現代に生きる法華経●目次

【第二章】　現代に生きる『法華経』

【序章】ゴータマ・ブッダの生涯と思想

一　インドにおけるゴータマ・ブッダの仏教の創唱

アジアの仏教

仏教はインドのゴータマ・ブッダ（釈尊。その生没年代には、紀元前六世紀から五世紀という説と、紀元前五世紀から四世紀という二説がある）に始まる。ゴータマ・ブッダの死後、百年ないし二百年後の紀元前三世紀頃に、律《りつ》（出家教団の運営規則）の解釈の相違に基づいて、仏教教団は伝統重視派の上座《じょうざ》（長老の意）部《ぶ》と時代適応派の大衆部《だいしゅぶ》の二派に分裂した。その後、紀元前一世紀頃までに、上座部、大衆部はそれぞれさらに分裂を繰り返し、およそ二十の部派が成立したと言われる。

一方、紀元前一世紀頃から、部派に所属する一部の出家者を中心として、大乗経典の編纂《へんさん》運動が開始された。大乗経典の編纂に携わった者は、歴史上のブッダの説法は固定した、閉じられたものではなく、時代に応じて新たに展開するべきものであると考え、新しい時代の宗教的ニーズに応《こた》える仏教思想を盛り込んだ経典を編纂していったのである。

そのような大乗経典の編纂に反対する保守派は、大乗経典を仏説ではなく、魔説であり、外道の思想であると決めつけた。このように、大乗経典の成立は、部派仏教のなかに保守派と進歩派の対立を生んだが、インドにおいては、その後、両派はしだいに共存するようになっていったと推定される。

さて、紀元前三世紀頃、アショーカ王の子供（または弟）マヒンダは、上座部の分別説《ふんべつせつ》部《ぶ》をスリランカに伝え、十一世紀以後の東南アジアの仏教の礎《いしずえ》となった。

一方インド北西部からシルクロードを経由して、部派仏教と大乗仏教は中央アジアに伝わり、さらに紀元前後頃、中国に伝わった。中国の仏教は、四世紀頃に朝鮮に伝わり、六世紀には日本にも伝わり、東アジアの仏教を形成した。一方、八世紀には、チベットに仏教が伝わった。このようにして、仏教はアジア全域に広まったのである。

ゴータマ・ブッダによる仏教の誕生

次に、ゴータマ・ブッダによる仏教の創唱とその後の発展について一言《いちごん》する。何と言っても仏教はブッダの悟りから出発する。

当時、インドにはインドの征服民族であるインドアーリヤ人の宗教、バラモン教が正統派として存在していたが、一方、そのバラモン教の宗教的権威を否定して、新しい宗教、新しい真理を探究して出家した修行者（沙門《しゃもん》）たちがいた。ブッダやジャイナ教の開祖、ニガンタ・ナータプッタ（マハーヴィーラと尊称される）もそのような沙門の仲間であった。

ブッダはネパール国境近くのカピラヴァストゥという小国の有力な指導者の子として生まれた。成長して、結婚し男子をもうけた後、父の反対にもかかわらず、二十九歳（中国、日本では、かつて十九歳とする説もあった）のとき出家した。

出家の動機としては、弱肉強食の生物界の悲惨な状況に対する嫌悪《けんお》や自分の政治的な将来に対する不安などが原因となって、世俗の世界を越えたところに永遠の安らぎを求めたと考えられる。

彼は出家後、当時流行していたヨーガの修行によって悟りを目指し、所有の観念を離れた境地や、想念を越え、さらにそれをも越えた境地（アーラーダ・カーラーマの無所有処《むしょうしょ》と、ウドラカ・ラーマプトラの非想非非想処《ひそうひひそうしょ》を指す）を修行・実現したが、それに満足することができず、ヨーガと並んで、当時流行していたもう一つの宗教的修行法である苦行の生活に入った。

苦行は断食などの肉体的な苦痛の体験を通して魂の浄化を目指すものであるが、六年の苦行の後、苦行を捨て、新たに坐禅瞑想《ざぜんめいそう》を繰り返すなかで、ついに悟りを開いた。仏伝には、このときブッダが十二因縁（本書二八〜三〇頁参照）を観察して悟りを開いたと示されている。

ブッダは悟りを開いた後、欲望に支配された世間の人々は、自分の悟った法をとても理解できないであろうと考え、その法を説くことを断念して、そのまま涅槃《ねはん》に入ろうとしたという。そのとき、バラモン教の世界創造神、梵天《ぼんてん》が現われ、ブッダに説法を願った。

この神話的伝説は、バラモン教の宗教的権威が仏教に譲与されたという仏教の側の考えを反映したものと筆者は考えるが、ともかくブッダは梵天の勧請《かんじょう》を受けいれ、かつて修行仲間であった五人の友人に対して説法を開始した。このとき、ブッダは不苦不楽の中道や四諦八正道《したいはっしょうどう》（本書二五〜八頁参照）を説いたと伝えられる。ここに仏教が誕生したのであった。

その後、ブッダはガンジス河中流域を中心として活動を展開し、多くの出家修行者を導き、またさらに多くの在家信者を指導した。ブッダは八十歳になり、死の床でも最後の弟子を導きつつ、四十五年の長きにわたる伝道の生涯を終えたのであった。

仏教の発展

ブッダの死後、彼の説いた教えが弟子たちによって数次にわたって整理、編集されたが、その内容は、口伝《くでん》によって伝承され、ようやく紀元前一世紀にスリランカで文字に書写された。

さて、前述したように、紀元前三世紀頃、仏教は原始仏教から部派仏教の時代に移行した。この時代には、各部派はブッダの説いた経、律の伝承・編纂と、ブッダの教えに対する神学的研究文献である論を発展させていった（三蔵の成立）。

このように発展を遂げた部派仏教ではあったが、紀元前一世紀頃、大乗経典の編纂が始まった。大乗経典は、部派仏教の一部を小乗（ヒーナヤーナ。劣った乗り物＝教えの意）と厳しく批判し、他方、批判された側は大乗経典の宗教的権威を承認しなかったため、両者の間には厳しい対立・緊張が引き起こされたと推測される。

新しい大乗経典の編纂運動の背景には、当時の新しい宗教的ニーズに応《こた》えようとする意図があったと思われるが、その内容がいかなるものであるかは、初期大乗経典に盛られた思想内容から推定する以外にはない。

きわめて大ざっぱにいえば、絶対的な救済力を持った新しい仏や大菩薩の出現の待望、慈悲に基づく利他《りた》（衆生を導く）行に対する強い要請、出家と在家の宗教的権威の差別（具体的には、出家者は阿羅漢《あらかん》、すなわちすべての煩悩を断ち切り、二度とこの世に輪廻《りんね》しない最高位の修行者になることができるが、在家者は在家のままでは阿羅漢になることができないなどの差別）の撤廃《てっぱい》への希望、誰もが成仏できるとする理想、無仏の世における見仏（仏身を見る）体験の重視、成仏への菩薩の具体的な階梯《かいてい》（段階）の説明などである。

このような新しい思想の背景には、次のような事情を想定することができるであろう。東西の文化交流によってもたらされた伝統文化の揺らぎと新しい文化理念への欲求という時代情況のなかで、一部の仏教徒が伝統的な部派仏教の一部はもはや新しい時代の宗教的ニーズに応えることはできないと厳しく批判しながら、自らの宗教体験に基づいて、ブッダの生涯と思想を新たに解釈して、この新しい宗教的ニーズに応えることのできる新しい仏教思想を創造し、これをあくまで歴史上の釈尊の説いた真実の経典として編纂した。これが初期に成立した大乗経典の特色ではないであろうか。

ところで、大乗仏教が出現しても、部派仏教が消えてなくなったわけではなく、インドにおいては大乗仏教よりも大きな社会的勢力を持ち続けたと推定される。大乗仏教はインド本国ではなく、むしろ中央アジア（西域）、東アジアで隆盛をみるようになった。

大乗経典の成立

大乗経典の成立時期は一般に次の三期に分けられる。

第一期は、紀元前一世紀頃から紀元後三世紀頃までで、『般若経《はんにゃきょう》』『法華経』『維摩経《ゆいまきょう》』『無量寿経《むりょうじゅきょう》』『阿弥陀経《あみだきょう》』『十地経《じゅうじきょう》』などの初期大乗経典が生まれた。この間、龍樹《りゅうじゅ》（ナーガールジュナ。二世紀〜三世紀頃）が『般若経』の空の思想を理論化し、中観派《ちゅうがんは》の祖となった。

第二期は、四世紀頃から六世紀頃までで、『解深密経《げじんみつきょう》』などの唯識系《ゆいしきけい》経典、『勝鬘経《しょうまんぎょう》』、大乗の『涅槃経』などの如来蔵系経典などの中期大乗経典が生まれた。この間、無着《むじゃく》（アサンガ。四世紀）、その弟の世親《せしん》（天親《てんじん》とも訳す。ヴァスバンドゥ。四世紀）らが瑜伽行《ゆがぎょう》唯識派を確立した。大乗仏教には中観派と瑜伽行唯識派の二大学派が成立したのである。

第三期には、七世紀頃から後期大乗経典としての『大日経《だいにちきょう》』『金剛頂経《こんごうちょうきょう》』などの密教経典が編纂《へんさん》された。大乗仏教は仏教の大衆化を図ったものであり、この大衆化には呪《じゅ》術《じゅつ》的な要素の積極的な導入が伴なわれていた。つまり密教的な要素を含んでいた。この密教的な要素がしだいに発達して、第三期の密教経典が成立する。密教は、インドの民族宗教であるヒンドゥー教ときわめて類似した儀礼、呪術を持つようになった。仏教はこのように密教化することによって、ヒンドゥー教のなかに埋没していったと見ることができる。

十三世紀のはじめに、イスラーム教徒によってヴィクラマシラー寺院が破壊され、インドにおける仏教は滅亡したとされる。

二　ゴータマ・ブッダの基本思想――四諦と十二因縁を貫く縁起

最初に説かれた四諦説

ゴータマ・ブッダの基本思想は、最初の説法で説かれたとする四諦説であると言ってよい。四諦の教えは、苦諦《くたい》・集諦《じったい》・滅諦《めったい》・道諦《どうたい》の四つの真理である。

苦諦とは、すべては苦であるという真理である。仏教の世界認識の基本は苦であり、四苦八苦《しくはっく》というように、人生は苦に塗《ぬ》り込められていると考える。四苦とは生《しょう》・老・病・死の四つの苦である。八苦はこの四苦に、怨憎会苦《おんぞうえく》（恨み憎む者と出会わなければならない苦）、愛別離苦《あいべつりく》（愛する者と離別しなければならない苦）、求不得苦《ぐふとくく》（求めても得られない苦）・五取蘊苦《ごしゅうんく》（衆生の身心を構成する五つ要素そのものの苦＝五陰盛苦《ごおんじょうく》ともいう）の四苦を加えたものをいう。五取蘊苦は、前の七苦の基盤となるものであり、迷いの輪廻《りんね》的生存そのものを意味する。

集諦（原因が集まって苦という結果を起こす真理）とは苦の原因は煩悩であるという真理で

ある。

滅諦とは、苦の原因である煩悩を滅すれば、絶対的な静寂の境地である涅槃（煩悩の火を吹き消した状態）が得られるという真理である。

道諦とは、苦を滅して得られる涅槃への道は八正道《はっしょうどう》であるという真理である。

八正道とは、正見《しょうけん》（正しい見解）・正思《しょうし》（正しい思惟）・正語《しょうご》（正しい言葉）・正業《しょうごう》（正しい行為）・正命《しょうみょう》（正しい生活）・正精進《しょうしょうじん》（正しい努力）・正念《しょうねん》（正しい思念）・正定《しょうじょう》（正しい精神統一）の八つで、これが不苦不楽《ふくふらく》の中道と規定される。

ブッダの時代に流行していた宗教思想として、また、ブッダが悟りを得るまでに自ら体験した生き方として、苦行主義と快楽主義という二つの極端な立場があった。ブッダはこれら二つの極端を離れた中道を覚知したのである。

この四諦は、たとえて言えば、病気の現状の認識、病気の原因の解明、病気の治療方法の提示、病気の治癒と健康の回復という道筋と類似しており、誰にでも容易に理解できるきわめて単純明快な理論であると言えよう。

ゴータマ・ブッダの時代には、形而上学《けいじじょうがく》的な議論が盛んであり、解決のつかない不毛な議論が重ねられていた。これに対して、ブッダは「世界が時間的に有限か無限か、空間的に有限か無限か、身体と精神は同一のものか別異のものか、如来は死後存続するか滅するか」などという質問を浴びせかける者に、有名な毒矢のたとえを説いた。

つまり、これらの問いに答えなければ、ブッダの弟子にはならないという者に対して、そのような態度はあたかも毒矢に射られた者が、犯人の特徴や凶器の材質など事細かな情報を得られないうちは毒矢を抜き取ってはいけないといって治療を拒絶するような愚かな態度であると諭《さと》したのである。ブッダは、このように形而上学的な問いに対して沈黙するとともに、これと対照的に決然と説いた教えがほかならぬ四諦の教えであった。

ブッダの基本的な教えは、四諦の教えにきわまるといっても過言ではない。つまり、苦しみの原因を自己の煩悩に見出《みいだ》し、衣食住にわたって質素倹約な生活を送り、煩悩と苦の因果的関係を正しく観察瞑想《めいそう》し、それらによって培《つちか》われた智慧によって煩悩を制御し、苦しみから解放された涅槃を得ることを目指すのである。

ただし、苦しみからの解放に自己満足し、慈悲に基づく他者救済に積極的にかかわらなければ、後の大乗仏教から自利独善《じりどくぜん》と批判されることになるのである。もちろんブッダ自身は、彼の生涯が示すように、他者の救済に精励《せいれい》したのである。

十二因縁（縁起）

ブッダが悟りを開いたときに観察していたとされる十二因縁《いんねん》（縁起）も、四諦と同じ発想に基づいた思想である。私たちは老い死ぬことに代表される人生のさまざまな苦を感受して生きているという現実から出発し、その苦の原因を次々に探究していく。この老死の成立する根拠、老死を成立させている条件は、生まれることである。

次にこの生《しょう》の条件は、迷いの輪廻的生存（有《う》）とされる。このようにして、老死・生・有（輪廻的生存）・取（執著）・愛（喉《のど》の渇《かわ》きにたとえられる抜きがたい執著）・受（感受作用）・触（感官と対象の接触）・六処（眼《げん》・耳《に》・鼻《び》・舌《ぜっ》・身《しん》・意《い》の六つの感官）・名色《みょうしき》（名は精神、色は身体を指す）・

識（認識作用）・行（潜勢的形成力）・無明《むみょう》（根源的無知）の十二項目の因果関係、条件づけが明らかにされる。この因果関係の総体を洞察することは、とりもなおさず無明の断滅であり、それによって老死などの苦もすべて滅するとされる。

この因果関係、条件付けは、仏教用語としては「縁起《えんぎ》」（pratītyasamṃutpāda）と言われる。これは、私たちが煩悩によって、誤った行為をなし、それによって苦の果報を得ている事実を指摘したものである。最古の原始経典の一つである『スッタニパータ』における「縁起」も、行為とその果報の関係を意味している。

この十二縁起は、苦しみの原因の探究と、その原因の断滅による理想の実現という発想においては、四諦説と共通である。要するに、ブッダの基本思想は、煩悩と苦との因果関係、煩悩の断滅を目指す修行道と悟りとの因果関係、つまり縁起を明らかにしたものである。

この縁起は、因と果の関係を意味するので、本来は時間的に因から果への一方向的な関係を意味するものであったが、とくに中国における縁起思想の発展のなかで、万物の相互依存関係、一と全体との相即融合《そうそくゆうごう》を意味するようになり、現代のエコロジー思想からも注目されている(1)。

三　大乗仏教の成立

生死即涅槃

内心のすべての煩悩を断ち切ることによって、輪廻《りんね》の世界から解脱《げだつ》して、涅槃《ねはん》の世界に入ることを目的とする部派仏教においては、輪廻（生死）と解脱（涅槃）とを二元的に対立するものと捉《とら》えている。極端な場合には、「灰身滅智《けしんめっち》」（身を灰にし、心を滅すること）が究極の目的となる。

これは、声聞が三界《さんがい》の煩悩を断じた後に、火光三昧《かこうざんまい》（身より火を出して身を焼く瞑想《めいそう》）に入り、身を焼き心を滅して空寂《くうじゃく》無為《むい》（空無になる）の涅槃に帰入することで、あまり現実性があるとは思われず、理念上のものにすぎなかったのかもしれない。

しかし、理念だけといっても、このような目標が立てられることには、三界輪廻を越えたいという願望がいかに強かったかを物語るものだと思う。この点において、仏教がしばしば厭世《えんせい》主義と規定されることがあるのもやむをえない。

しかし、大乗仏教においては、たとえば中国・日本の仏教に多大な影響を与えた龍樹の『中論』観縛解品《かんばくげぼん》の偈《げ》、「生死を離れて別に涅槃があるのではない。実相の意義とはこのようなものである。どうして（生死と涅槃との）区別があるだろうか。[2]」の『中論』の（注釈者の）青目《しょうもく》の注に「諸法実相の第一義のなかには、生死を離れて別に涅槃があるとは説かない。経に、『涅槃は生死にほかならず、生死は涅槃にほかならない。』と説くとおりである。このような諸法実相のなかで、どうして（区別して）生死であるとか、涅槃であるとか言うだろうか。[3]」とあり、また観涅槃品の偈には、「涅槃と世間とには少しの区別もなく、世間と涅槃とにも少しの区別もない。[4]」「涅槃の究極と世間の究極とこの二つの究極には、ほんのわずかな差別もない。[5]」とあるように、輪廻（生死）と解脱（涅槃）を対立するものと見ないで、相即するものと捉える新しい考え方を提示した。我々が生死輪廻する世界とは、我々にとっての現実的な世界である。

現実世界に価値を求める

仏教においては、それは娑婆世界《しゃばせかい》（Sahā-loka）と呼ばれ、堪忍《かんにん》世界と訳されるように、苦しみが多く、堪《た》え忍ばなければならない世界とされる。この現実の世界を単に厭離《おんり》すべき世界としてではなく、何らかの積極的な価値を持つ世界として捉えなおすことは、仏教史における画期的な変化であった。

本書では、第一章において、『法華経』に関する基本的な情報を提供した後に、第二章において、『法華経』の現代的意義を考察する。第三章において、『法華経』における現実世界の重視の思想を、『法華経』の提示する菩薩道のあり方を通じて考察する。第四章・第五章において、現代社会の課題の一つである宗教的寛容や宗教間対話について『法華経』の立場から考察する。

【第一章】『法華経』とは何か

一　『法華経』二十八品

本章では、本書を理解するうえで必要と思われる『法華経』に関する基本的な情報を提供したい。最初に、『法華経』二十八品の名称が、本書に頻出《ひんしゅつ》するので、その品の全体における位置づけを見やすくするために、品名の一覧を掲げる。

▼序品《じょほん》第一
▼方便《ほうべん》品第二
▼譬喩《ひゆ》品第三
▼信解《しんげ》品第四
▼薬草喩《やくそうゆ》品第五
▼授記《じゅき》品第六
▼化城喩《けじょうゆ》品第七
▼五百弟子受記《ごひゃくでしじゅき》品第八
▼授学無学人記《じゅがくむがくにんき》品第九
▼法師《ほっし》品第十
▼見宝塔《けんほうとう》品第十一
▼提婆達多《だいばだった》品第十二
▼勧持《かんじ》品第十三
▼安楽行《あんらくぎょう》品第十四

▼従《じゅう》地《じ》涌《ゆ》出《じゅつ》品第十五
▼如来寿量《にょらいじゅりょう》品第十六
▼分別《ふんべつ》功徳《くどく》品第十七
▼随喜《ずいき》功徳品第十八
▼法師功徳品第十九
▼常不軽《じょうふきょう》菩薩《ぼさつ》品第二十
▼如来神力《じんりき》品第二十一

▼嘱累《ぞくるい》品第二十二
▼薬王《やくおう》菩薩本事《ほんじ》品第二十三
▼妙音《みょうおん》菩薩品第二十四
▼観世音《かんぜおん》菩薩普門《ふもん》品第二十五
▼陀羅尼《だらに》品第二十六
▼妙荘厳王《みょうしょうごんのう》本事品第二十七
▼普賢《ふげん》菩薩勧発《かんぼつ》品第二十八

二 『法華経』の成立

ブッダの原点に帰れ

紀元前一世紀頃から新しく興った大乗経典の編纂《へんさん》運動は、伝統的保守的な部派仏教の一部と緊張《きんちょう》・対立関係を持ちながら、仏教思想は時代に応じて、常に新しく創造・展開されるべきであるという斬新な考えを持つ人々に担《にな》われたと推定される。

この運動は、「ブッダの原点に帰れ」という一種の宗教リバイバル運動ともいえるが、その過程でおびただしい数の大乗経典が編纂された。『法華経』は、紀元前一世紀から紀元後二、三世紀頃までに成立した『般若経』『維摩経』『無量寿経』『阿弥陀経』『十地経』(後に『華厳経』に組み込まれる)などとともに初期大乗経典の一つに位置づけられる。

ブッダが創唱し、それ以後、さまざまな展開を遂《と》げてきた仏教界の状況に対して、何らかの批判と新たな思想の創造に基づいて、『法華経』は成立したはずである。

法華経の成立史

『法華経』の段階的成立に関しては、布施浩岳《ふせこうがく》氏の説（『法華経成立史』、大東出版社、一九三四年）が代表的である。布施氏は『法華経』全体を三類、四期の成立に分けた。第一類は序品から授学無学人記品までと随喜功徳品との十品であり、その範囲の韻文（偈《げ》頌《じゅ》）は紀元前一世紀頃に思想が形成され、紀元前後頃に文章化され、散文（長行《じょうごう》）は紀元後一世紀頃に成立し、第二類は法師品から如来神力品までの十一品であり、紀元百年前後に成立し、第三類は嘱累品から経末までの七品であり、百五十年前後に成立したと推定した。

その後の研究者はこの布施説に大きな影響を受け、このような『法華経』の細かい段階的成立説にさらに修正を加えてきた。ところが、その後、序品から如来神力品までの同時成立説（苅谷定彦『法華経一仏乗の思想』、東方出版、一九八三年）や、提婆達多品を除く二十七品同時成立説（勝呂信静『法華経の成立と思想』、大東出版社、一九九三年）が提起され、『法華経』の成立問題は再び脚光を浴びることとなった。

成立史に関しては、伊藤瑞叡氏の『法華経成立論史―法華経成立論の基礎的研究―』（平楽寺書店、二〇〇七年）が従来の多数の成立論を紹介・批評しているので、便利である。

三　原典と翻訳

『法華経』の梵語《ぼんご》原典は、イギリスのネパール駐在公使であったホジソンが一八二一年にその写本を発見して以来、現在まで多くの写本が発見されてきた。それらは発見された地域によって、ネパール本、ギルギット（カシミール）本、中央アジア（西域）本の三種の系統に分類される。

刊本としては、ケルン・南条本（一九〇八～一九一二年）をはじめとして数種が刊行されている。また、ネパール本、ギルギット本、中央アジア本の三種の系統から三十数種の写本の写真を対照させたものが刊行（『梵文法華経写本集成』十二巻、梵文法華経刊行会、一九七七～一九八二年）され、研究の条件が飛躍的に整備された。創価学会も近年、東洋哲学研究所に研究委託して、『法華経』の梵文写本のシリーズを刊行している。

『法華経』の翻訳には、漢訳・チベット語訳のほかに、西夏《せいか》語、古代トルコ語、満州語、安南語、蒙古語などの訳がある。現存する漢訳には、竺法護《じくほうご》訳『正法華経《しょうほけきょう》』十巻（二八六年訳）、鳩摩羅什《くまらじゅう》訳『妙法蓮華経《みょうほうれんげきょう》』七巻、あるいは八巻（四〇六年訳。八巻になったのは、智顗《ちぎ》や吉蔵より後の時代と推定される）、闍那崛多《じゃなくった》・達摩笈多《だつまぎゅうた》共訳の『添品《てんぽん》妙法蓮華経』七巻（六〇一年訳）の三種がある。

四　思想内容

(1) 一乗思想と声聞授記（序品第一～授学無学人記品第九）

序品第一において、文殊菩薩《もんじゅぼさつ》は釈尊が無量義処三昧《むりょうぎしょざんまい》（無限の教説の基礎という名の瞑想）を出た後に、『法華経』を説くであろうと語る。次に、方便品第二から授学無学人記品第九までは、一乗（仏になるための唯一の真実の教え）思想とそれに基づく声聞授記《しょうもんじゅき》（声聞に未来の成仏が予言されること）がテーマである。

方便品では、仏は唯一の偉大な仕事をするためにこの世に出現したのであり、その内容は、衆生に仏知見《ぶっちけん》（仏の智慧）を開き、示し、悟らせ、仏知見の道に入らせることであることを明かす。つまり、仏はすべての衆生を平等に成仏させるためにこの世に出現したことを明らかにするのである。そこで、従来は、声聞（仏の教えを聞く者）、縁覚《えんがく》（独自に悟るが、他を救済しない者）、菩薩（仏の悟りを追求する者で、他を救済することを最大の目的として、自己の悟りをあと回しにする者）という三種類の修行者の類型に対して、三種類の教えと修行があり、それによって達成される理想にも三種類があったとされたが、これは方便の教えであり、真実には、一切衆生が平等に成仏できる唯一の仏乗（仏になる教え）があるだけであることが明かされる。

このような三乗（声聞・縁覚・菩薩）方便・一乗真実の思想は、上のような法説《ほっせつ》という形式で説かれた後に、まだ理解のできない声聞たちを相手に、譬喩説《ひゆせつ》（譬喩品の三車火宅の譬喩）、宿世《しゅくせ》因縁説《いんねんせつ》（化城喩品の大通《だいつう》智《ち》勝仏《しょうぶつ》の物語）という形式で説くという仕方で繰り返される。そして、声聞たちは釈尊によって授記（未来の成仏を予言されること）される。

（2）久遠の釈尊の思想（法師品第十～如来寿量品第十六）

法師品第十から従地涌出品第十五までの範囲は、釈尊が涅槃に入った後に、いったい誰が『法華経』を受持《じゅじ》し、弘通《ぐずう》するのかというテーマが底流をなし、特に涌出品において、大地を割って涌出した六万恒河沙《ごうがしゃ》（ガンジス河の砂の数の六万倍の数）の地涌《じゆ》の菩薩こそ『法華経』の担い手であることを明かす。

法師品においては、『法華経』の信仰者は、過去世において多くの仏たちを供養し、大願を実現したものであり、本当はそのすばらしい果報を満喫享受《まんきつきょうじゅ》していればよいのであるが、衆生を憐《あわ》れむ大慈悲心《だいじひしん》によってこの悪世に生まれてきた大菩薩であり、如来に対する供養と同じように供養される尊い存在であることが強調される。これは地涌の菩薩の性格を先取りしたものといえると思う。

涌出品において、弥勒《みろく》菩薩は釈尊がまだ成仏して間もない（四十余年）のに、地涌の菩薩のような多くの立派な弟子がいることは納得できないと思い、この疑惑をはらしてくださいと釈尊にお願いする。

これを受けて、如来寿量品第十六では、釈尊が成仏したのは今世ではなく、五百塵点《じんでん》劫《ごう》（本書五六～七頁参照）というはるか遠い過去においてであることを明かし、あわせて未来の仏の寿命も過去の二倍あり、衆生を救済するために、巧みな手段によって涅槃に入る姿を示すけれども、真実には涅槃に入るのではなく、常に娑婆《しゃば》世界の霊鷲山《りょうじゅせん》にあって説法し続けることを明かす。いわゆる久遠《くおん》の釈尊が開示されるのである。

（3）その他の品（分別功徳品第十七〜普賢菩薩勧発品第二十八）

分別功徳品第十七から常不軽菩薩品第二十までは、寿量品における釈尊の寿命の長遠《じょうおん》を信受する者の獲得する功徳・利益を明らかにする。

如来神力品第二十一においては、地涌の菩薩がこの『法華経』を受持することを誓い、嘱累品第二十二においては、一切の菩薩たちに対して『法華経』を付嘱《ふぞく》する。ここまでの範囲において、すべての衆生を平等に成仏させる一仏乗を説き、釈尊滅後の『法華経』の受持・弘通の主体者が地涌の菩薩であることを説く。さらに釈尊の寿命の長遠と、それを信受する者の功徳を説き、地涌の菩薩とその他すべての菩薩に『法華経』を付嘱する。

したがって、『法華経』はここで終わっても差し支《つか》えないと考えられるが、実際には薬王菩薩本事品第二十三から普賢菩薩勧発品第二十八までの六品が続き、陀羅尼品第二十六を除いて、偉大な菩薩や王の故事《こじ》を取り上げ、彼らと『法華経』との密接な関係を説き示して、『法華経』の偉大さをたたえている。

とくに、観世音菩薩普門品第二十五においては、現一切色身三昧《げんいっさいしきしんざんまい》に住する観音《かんのん》菩薩が三十三身を現わして、苦難の衆生を救うという現世利益《げんぜりやく》を説いている。この品は単行独立させられて『観音経』と呼ばれ、東アジア全体で流行した。

五　後世への影響

(1) インド

インドにおいて著《あら》わされた『法華経』の注釈書で現存するものは、世親《せしん》の『法華論』(菩提留支《ぼだいるし》訳『妙法蓮華経憂波提舎《うばだいしゃ》』と勒那摩提《ろくなまだい》訳『妙法蓮華経論優波提舎』の漢訳のみ現存)のみである。

(2) 中国

中国において現存する代表的な『法華経』の注釈書を見ると、竺道生《じくどうしょう》(三五五頃～四三四)の『妙法蓮華経疏《しょ》』、光宅寺法雲(四六七～五二九)の『法華義記《ぎき》』、天台大師智顗《ちぎ》(五三八～五九八)の『法華玄義《げんぎ》』『法華文句《もんぐ》』(智顗の親撰ではなく、弟子の章安《しょうあん》大師灌頂《かんじょう》〔五六一～六三二〕が整理して完成したもの)、嘉祥《かじょう》大師吉蔵《きちぞう》の『法華玄論《げんろん》』『法華義疏《ぎしょ》』『法華遊意《ゆうい》』『法華統略《とうりゃく》』、慈恩《じおん》大師基《き》(六三二～六八二)の『法華玄賛《げんざん》』などがある。

中国における『法華経』に対する関心の中心は、中国仏教の大きな特色の一つと言われる教判《きょうはん》思想の基準を与えてくれる経典としての『法華経』にあった。『法華経』自身が、釈尊一代の教化を三乗から一乗へと説き進められたことを明かし、信解品の長者窮子《ちょうじゃぐうじ》の譬喩などによって、釈尊の段階的な教化を示していることに関心が注がれたのである。

(3) 日本

聖徳太子《しょうとくたいし》(五七四〜六二二)の著述として『法華義疏』が伝えられるが、真偽未決である。最近、『法華義疏』の語法の特殊性の精緻《せいち》な研究に基づいて、少なくとも中国ではなく、韓国か日本で成立したのではないかとする新しい研究が出た。

最澄《さいちょう》(七六七〜八二二)は、徳一《とくいつ》(生没年未詳)との論争において、三一権実《ごんじつ》論争を展開し、天台の一乗真実の立場に立って論戦した。また、仏性《ぶっしょう》の普遍性、一切皆成《いっさいかいじょう》の思想を主張した。最澄の法華経観としては、『法華経』を歴劫《りゃっこう》修行(長期間の修行を経て仏になる)の経ではなく、直道頓悟《じきどうとんご》（凡夫が直ちに仏になることができる）の経であるとしたことが注目される。日蓮は、『法華経』一経による救済の完成を主張し、激しく他宗に対する折伏《しゃくぶく》を貫徹した。自らが地涌の菩薩の上首であると覚知し、久遠の釈尊から、末法における『法華経』の弘通を委嘱《いしょく》されたとの使命を自覚した。さらに、永遠普遍の根本的真理への帰《き》命《みょう》と、それによる仏の境涯を我が身に実現する成仏のための修行として、「南無妙法蓮華経」の題目を唱えることを主眼としたのである。

この日蓮の創出した唱題行を継承するいわゆる法華系新宗教は、日本の現代社会において大きな宗教的勢力を持っており、また海外での活動にも熱心である。

【第二章】 現代に生きる『法華経』

本章では、『法華経』の現代的意義について全体的に考察し、そのなかの重要な論点を、後章で改めて取りあげて考察を加える。

私は、まず『法華経』の説く広大な時空のなかで宇宙的人間の自覚を持つことによって、人間存在の意味転換が可能であることを示唆《しさ》し、次に悲観的な時代において、希望と勇気を与える仏教・『法華経』の楽観主義的救済論《きゅうさいろん》に光を当てる。

さらに、我々がこの現実世界の価値を改めて捉《とら》えなおし、そのただなかで菩薩道を実践していく根拠を『法華経』の思想に探り、また現代社会の一つの時代的課題である宗教間対話の可能性を、『法華経』の立場から模索《もさく》する。

一　『法華経』の宇宙観

『法華経』を読んではじめに驚くのは、宇宙的スケールの物語がめくるめく展開することである。少し紹介してみよう。

『法華経』の序品で展開された宇宙観

序品第一において、釈尊が「無量義（無限の教説）という名の大乗経典」を説いた後に、無量義処三昧に入り、その三昧の力によって、天から花を降り注がせ、大地を震動させる。それればかりでなく、さらに釈尊は眉間白毫相《みけんびゃくごうそう》（眉と眉の間にある右回りの白い細い巻き毛）から光を放って、東方の一万八千の世界を明るく照らすという場面が登場する。『法華経』の聴衆たちは、その一万八千の世界で行なわれている仏教のさまざまな修行を眼前にするのである。

なお、『法華経』にも「世界」という言葉が頻出するが、そもそも仏教の「世界」とは、風輪・水輪・金輪《こんりん》・地輪《じりん》の層からなる。地輪は九山八海《くせんはっかい》からなるが、その全体を一世界という。九山八海は、中央の須弥山《しゅみせん》と最外部の大鉄囲山《だいてっちせん》を入れて九つの山があり、その間に八つの海がある。須弥山のまわりには四大陸があり、その南の大陸が閻浮提《えんぶだい》(ジャンブ・ドゥヴィーパ)であり、人間の住むところとされる。また、須弥山の周囲には、太陽と月が回っているとされる。

八方の四百万億那由他阿僧祇の世界を浄化した三変土田

見宝塔品第十一において、巨大な宝塔《ほうとう》が突然大地から出現して虚空《こくう》に浮かぶ。そのなかから多宝如来の『法華経』の真実性を証明する声が聞こえてくると、聴衆は多宝如来の姿を拝見したいと釈尊に申し出る。

釈尊は、多宝如来の姿を見るためには、大宇宙に散らばっている自分の分身仏《ふんじんぶつ》を集合させる必要があるとし、そのために穢土《えど》の娑婆世界を浄土に変える。三回にわたって娑婆世界とその周辺の世界を浄化し、結果的には八方の四百万億那由他阿僧祇《なゆたあそうぎ》（那由他は千万、または千億の単位。阿僧祇は無数、無央数と漢訳される巨大な数）の国土を浄土として、分身仏を迎えたのである。

釈尊は空中に昇って、宝塔の扉を開け、多宝如来《たほうにょらい》と並んで座る。聴衆も釈尊にお願いして、同じように空中に昇り、嘱累《ぞくるい》品第二十二まで、『法華経』の説法は空中でなされる。

大地を割って出現した地涌の菩薩

従地涌出《じゅうじゆじゅつ》品第十五において、六万恒河沙《ごうがしゃ》の地涌の菩薩が大地を割って出現する。しかもそれぞれの菩薩は、多い者で六万恒河沙の仲間を引き連れているのである。なかには、仲間を一人も持たない菩薩もいる。

無始無終を表わした三千塵点劫と五百塵点劫の譬喩

如来寿量品《にょらいじゅりょう》第十六において、釈尊が成仏したのは五百塵点劫《じんでんごう》の譬喩《ひゆ》によって示される無限とも言える過去のこととされる。化城喩品《けじょうゆ》第七においては、三千塵点劫の譬喩が出てくる。大通智勝仏《だいつうちしょうぶつ》が存在した過去が、三千塵点劫の譬喩によって示されているのである。

三千大千世界、つまり十億の世界のすべての大地をすりつぶして微粒子《びりゅうし》とする。当然、膨大《ぼうだい》な微粒子ができるが、その微粒子の一粒を東の方向に千の世界を経過した地点に落とし、さらに千の世界を経過して、また一粒を落とす。このようにして最初にあった膨大な数の微粒子が全部なくなるまで、東方に進んでいく。

そこで、微粒子を落とした地点と落とさないで通過した地点とを含むあらゆる世界の大地を再びすりつぶして微粒子とする。当然、最初の数に比べられないほど多くの微粒子ができるが、このなかの一つの微粒子を一劫《こう》（インドの最も長い時間の単位）に換算することにする。

大通智勝仏が涅槃に入ってから今まで経過した時間は、今示した時間より無量無辺百千万億阿僧祇《あそうぎ》劫も長いと説明されるのである。

このような説明は現代人には冗長《じょうちょう》に思われるかもしれないが、ストレートに巨大な数字を示すよりも、人間の想像力をある限界まで刺激し、さらにその限界点を突破して、さらに上の限界まで想像力を再びかき立てるという方法のほうが強い印象を与えるのかもしれない。

五百塵点劫の譬喩は、五百は単に略称であり、実は今説明した三千塵点劫よりはるか巨大な数字なのである。つまり、五百塵点劫の場合は、計算の基礎となる最初の世界の数が単なる三千大千世界ではなく、五百千万億那由他《なゆた》阿僧祇の三千大千世界であり、三千塵点劫よりも途方もなく長い時間を表わしていることになる。

「荒唐無稽に見える話」のなかの真実

妙音菩薩品第二十四において、妙音菩薩は、娑婆世界とは別世界の浄光荘厳《じょうこうしょうごん》世界からわざわざ娑婆世界にやって来て、釈尊の『法華経』の会座《えざ》に参加する。この妙音菩薩は、身長が四万二千由旬《ゆじゅん》（一由旬＝ヨージャナの実測値には諸説があるが、十キロメートルと考えれば当たらずとも遠からずであろう）あると言われ、彼の住する国土の仏から、わざわざ「娑婆世界は穢土であり、仏の身も菩薩の身も小さい。それに対してあなたの身は四万二千由旬であり、私の身は六百八十万由旬であるが、決して娑婆世界、そこに住む仏・菩薩を軽んじて、劣ったものであるという思いを生じてはならない」と注意されて、娑婆世界に飛来するのである。

このように、『法華経』には空間的にも時間的にも巨大な数字が出て、我々のイマジネーションを極限にまで導いてくれる壮大な物語が説かれる。

これを荒唐無稽《こうとうむけい》なお話と受け取る人もいるであろうが、私は、狭い地球に跼蹐《きょくせき》し、人間同士の争い、民族間の戦争、国家間の対立などに明け暮れる我々人類に、この地球を越える宇宙的視点を与えてくれるのではないかと思われる。一部の人が空飛ぶ円盤に夢中になる現象の背後にも、もしも宇宙人が存在したならば、我々の日常性をうち破る新たな宇宙的人間としての自覚が生まれるという期待が込められているのではないか。流星群に宇宙的ロマンを感じる多くの人の心にも、同じような期待がないであろうか。

地球を外の宇宙空間から眺めることのできる宇宙飛行士のなかに、宗教的回心《かいしん》とも言うべき、劇的な人生観の変化を経験する人が現われるのも、そこに宇宙的人間の自覚が生じたことによるのではなかろうか。『法華経』の世界の宇宙大のスケールの大きさは、我々に宇宙的人間の自覚を生じさせ、自己と世界の意味の転換、新しい意味の獲得をもたらしてくれるように思う。

『法華経』の趣旨をくみ取れば、我々は大宇宙のなかで、この地球（仏教的には娑婆世界）

に有縁《うえん》の衆生（宗教的絆《きずな》の深い生物）として、何かしらの果たすべき使命を持って生まれてきた存在であるということになろう。

二 『法華経』と楽観主義

仏教には永遠の地獄はない

日本ばかりでなく、世界各国も時代の暗い閉塞感《へいそくかん》に悩まされているように見える。このような時代に、仏教、そして『法華経』の楽観主義的救済論に光を当て、この世を強く生き抜く勇気と希望の思想を掘り起こしたいと思う。

はじめに、一神教《いっしんきょう》との対比のうえで、仏教には永遠の地獄という観念のないことを論じる。これは次項に考察する仏教の楽観主義的救済論の重要な論点となる仏教の特色である。

また、地獄の観念に関連して、諸宗教が地獄の存在を説く目的には、人々を強い信仰に動機づけるという機能も認められることを論じ、さらに仏教にも地獄の存在を説くばかりでなく、選別的救済の思想も説かれるので、その意味するところを解釈しておきたい。

仏教には永遠の地獄という観念がない。迷える衆生が地獄・餓鬼《がき》・畜生・阿修羅《あしゅら》・人・天を輪廻《りんね》するといういわゆる六道輪廻が説かれ、そのなかに確かに地獄の存在が説かれている。地獄にもさまざまな種類が説かれるが、阿鼻《あび》地獄（無間《むけん》地獄）のように間断のない苦しみを受ける最低最悪の地獄も説かれる。しかし、仏教においては、地獄の世界に永遠にとどまることはない。なぜなら、地獄において苦を受けることは、いわば借金を返済することにあたり、いずれ返済が終われば、地獄よりも上の餓鬼・畜生・阿修羅・人・天などの世界に生まれることができるとされるからである。

仏教史において極悪人とされる提婆達多《だいばだった》でさえ、『法華経』提婆達多品では、天王という名の仏になることが予言されていることが、(6) そのよい証拠であろう。この永遠の地獄がないということは、ユダヤ教、キリスト教、イスラームという一神教と大いに相違する点である。

私も含めて、多くの人間は、日常生活の快楽におぼれ、真に重大な生死の問題から目をそらして生きている。この点については、多くの宗教や哲学が指摘していることであるが、『法華経』もまた平易な譬喩を通して、このような危機的状況にある人間に注意を向けさせてくれる。その代表的な譬喩が譬喩品の三車火宅の譬喩である。

「人間の世界」を「燃えさかる家」にたとえた「三車火宅の譬喩」

あるところに一人の裕福な老長者がいた。彼の邸宅《ていたく》は広大であったが、ただ一つの狭い門しかなく、火事が生じればひとたまりもないほど古びたものであった。この家に突然火事が生じる。

長者は、自分は自力で脱出することができるが、多くの子供たちは燃えさかる家のなかで遊びに夢中になって、脱出しようとする気がまったくないことを知った。長者ははじめ、自分には体力があるので、子供たちを抱きかかえて脱出させようかと考えたが、家には狭く小さな門がただ一つあるだけであるので、それも不可能であることに気づいた。このままでは、子供たちは焼け死ぬかもしれないと、長者は心配した。そこで、長者は子供たちに速《すみ》やかに脱出しなさいと告げた。

ところが、子供たちは死の意味も火事の意味もわからず、遊びに夢中になって、父の言葉を聞き入れなかった。ついに、父は一計を案じ、子供たちの好きな羊車《ようしゃ》、鹿車《ろくしゃ》、牛車《ごしゃ》が門の外にあるから、外に出て、それで遊ぶように言った。すると、子供たちは先を争って走り、燃えさかる家を脱出した。

長者は子供たちが安全に脱出したのを見て、大いに喜んだ。子供たちはみな父親に約束の車をくださるように頼むと、長者は子供たちに分け隔《へだ》てなく、大きな白い牛につながれ、すばらしく飾り立てられた車を与えた。

この譬喩について、『法華経』はその意味するところを自ら解説している。それによれば、譬喩の「長者」は、智慧豊かな如来を指す。古びた家は衆生の輪廻する欲界《よくかい》・色《しき》界《かい》・無色界の三界のこととされ、この家に生じた火事は衆生の苦悩や煩悩《ぼんのう》を指す。

欲界とは欲望に支配された衆生の世界であり、地獄の衆生から天界のなかの低い位のものが住む世界である。色界は欲望の支配を越えたが、物質的な条件の制約を受ける世界で、天の中位のものが住む世界である。男女の区別がなく、光を食物とし、言語とすると言われる。無色界は欲望の支配と物質的な条件の制約を越え、精神的な条件の制約だけを受ける世界で、天の高位のものが住む世界である。

欲界にはリアリティがあり、まだ理解できるが、その他の二つの世界は理解しにくいものがある。というのは、これらは主体者の住む世界は、その主体者の宗教的な境涯《きょうがい》と相即するという仏教の世界観の基本を反映して構想された世界であるからである。

色界の四禅や無色界の四無色定（これらの八種の禅定の詳しい説明は割愛するが、禅定の深まりをランクづけたものである）という禅定《ぜんじょう》（精神的統一、瞑想）に対応した世界を客観的世界に措《そ》定《てい》したものと考えられる。つまり、これらの禅定を修得した者が死後生まれる世界をそれぞれ色界、無色界としたのである。

この三界は衆生が輪廻《りんね》する六道の世界と範囲が一致する。地獄界・餓鬼界・畜生界・阿修羅界・人界・低位の天界は欲界に対応し、中位の天界は色界に対応し、高位の天界は無色界に対応するからである。

「長者の子」は言うまでもなく衆生を指す。そして、この衆生が生・老・病・死などのさまざまな苦に迫られながら、しかもその苦を自覚せず、現実のはかなき事象に埋没《まいぼつ》し、三界における輪廻から解脱《げだつ》しようとしない姿が、子供たちが火宅のなかで遊び戯《たわむ》れて脱出しようとしない姿にたとえられている。

仏はこのような衆生の哀《あわ》れなあり様を見て、自分は衆生の父であるから衆生を救いたいと思う。神通力と智慧の力だけで、方便《ほうべん》（巧みな手段）を用いなければ、衆生を救うことができないと知って、三界を脱出させるために、羊車にたとえられる声聞乗、鹿車にたとえられる縁覚乗、牛車にたとえられる菩薩乗の三乗を説くのである。しかし、仏は実際には、火宅から出た子供たちに、大白牛車を与える。これは『法華経』＝仏乗をたとえたものである。

私たち人間の住む世界は燃えさかる家である。このことが、三車火宅の譬喩で最も重要な点である。宗教は何らかの意味で、現実の人間の危機的状況を暴《あば》き出し、人間の救済を約束するものである以上、私たち人間の置かれた危機的状況を的確に描写することが、第一に重要である。私たちの住む世界が激しく燃えているという指摘は、火事の恐怖が誰にも印象深い点で、大きな効果がある。

次に、私たちの危機をさらに深めている点は、私たちがこの危機にまったく無自覚であるということである。長者の子供たちが遊びに夢中になっている姿は、まさしく私たちが自己の危機的状況を忘れて、身のまわりの娯楽、ファッション、色恋、財産、地位、名誉などに執《と》らわれている姿を見事に描写しているであろう。

おごり高ぶった心に反省を促す「五千人の増上慢の退席」

信仰のない者は永遠の地獄に落ちるという一神教の警告は、真理から目をそむけた人間、無明の凡夫を信仰の方向に向けさせる強い力を持っている。神も人間を地獄に落としたいわけではなく、かえって地獄に落とさないために、地獄の存在を説いたと解釈することも可能ではないであろうか。このような宗教的言説は、『法華経』にもはっきりと認められる。有名な五千上慢《じょうまん》のエピソードである。
『法華経』方便品において、舎利弗《しゃりほつ》は三回にわたって、釈尊に説法を願う。これは舎利弗の真剣な求道心を示したものと受け取られ、釈尊はそれに応《こた》えて説法することを宣言した。ところが、五千人もの多くの出家・在家の者たちは重い過去の罪と、まだ悟っていないのに悟ったと思い込む高ぶった心（増上慢という）とのために、これからはじまる『法華経』の説法を聞かずに退席してしまう。

そのとき、釈尊は彼らの退席を制止することなく、かえってこのような増上慢の者が去ることは結構なことであり、聴衆には純粋な者のみが残ったという。

この五千人の退席は何を意味するのであろうか。『法華経』を聞くためには、何よりも増上慢を取り除かなければならないことを示唆《しさ》しているように、私には思われる。というのは、舎利弗のような阿羅漢は解脱、涅槃をすでに得た部派仏教の修行の最高位の者なので、彼らの悟り、彼らの得た涅槃が一時的暫定的《ざんていてき》な仮《かり》のものであると説く『法華経』は彼らの自尊心を大いに傷つけるものである。それに堪《た》えるためには、仏の説法に謙虚《けんきょ》に耳を傾けるという態度、つまり信心が何よりも必要であることが示されていると考えられる。

『法華経』を読んだり、その内容を語ってもらった人々は、このエピソードに、自らの信仰の態度を反省し、粛然《しゅくぜん》と襟《えり》を正さざるをえないのではないか。自分ははたしてこの五千人の増上慢の仲間であるのか、それとも『法華経』の会座《えざ》に残る者の仲間なのか、と。仏教は衆生の救済に関して、後に述べるように、誰でも最終的には必ず救われるというきわめて楽観的な救済観を持っているので、この五千人も何らかの仕方で救われるはずであり、彼らを救済からあくまで排除するという考えはありえないはずであるが、『法華経』という会座に限定すれば、自分はそこで退出するのか、とどまるのか、この厳しい選択を強く迫ってくるものである。

なお、この五千人の増上慢の退出の話と類似の思想は、大乗の『涅槃経《ねはんぎょう》』にも見られる。「一切衆生悉《ことごと》く仏性有り」と説く『涅槃経』も、一闡提《いっせんだい》（icchantika の音訳。断善根《だんぜんこん》、信不具足《しんふぐそく》と説明される）は例外で、仏性がなく成仏できないと説く部分もあるのである[7]。もちろん後代に付加された『涅槃経』の後半では一闡提の成仏も許されるのであるが、一闡提不成仏が説かれる場面では、自分自身は成仏できるのか、成仏できない一闡提の仲間に入るのかという厳しい選別が身に迫ってくる。

このような排除的救済観、選別的救済観も信仰の動機づけという役割を果たしていると言えよう。『法華経』に強調される功徳・罪報も、仏教にとっては確かに重要な因果《いんが》応報《おうほう》思想に基づくものではあるが、功徳・罪報の過度の強調は、信仰の動機づけという観点からも説明できるのではないかと思われる。

三 『法華経』における楽観主義的救済論の特色

五性各別思想と楽観主義

四世紀頃に成立したインドの唯識《ゆいしき》（あらゆる事物は心〈識〉が作り出した仮《かり》のものとする）学派の五性（姓）各別の思想においては、すべての衆生の成仏が説かれない点では楽観主義とは言い難いのではないかという反論もあるであろう。

五性各別思想によれば、衆生には、声聞定性《じょうしょう》、縁覚定性、菩薩定性、不定性、無性《むしょう》の五種の差別があり、先天的に声聞になることが確定している第一、縁覚になることが確定している第二、声聞・縁覚・菩薩の聖者の本性をいっさい持たない第五の無性は成仏できないとされる。第五は、当然仏性も持たないので成仏できない（もちろん阿羅漢《あらかん》、辟支仏《びゃくしぶつ》にもなれない）。この五性各別思想は、中国、日本において、すべての衆生の成仏を説く一乗家と論争を繰り返すが、歴史的には敗れていく。とくに日本の最澄と徳一との論争は有名である。

しかし、五性各別思想であっても、成仏できない者も部派仏教の聖者である阿羅漢、縁覚にはなることができ、そのような聖者になれない最も低い本性を持つ者たちも六道を輪廻する凡夫にとどまり、永遠の地獄に堕《だ》すことが運命づけられているわけではない。その点では、一神教に比べて、かなり楽観的であると言うことはできよう。一神教における永遠の地獄も信仰の動機づけという機能を持つ点をすでに取り上げたが、それにしても、確かに一神教と比較して、仏教の救済に関する楽観主義は徹底している。

この仏教の救済に関する楽観主義について、上に述べた永遠の地獄の観念がないということ以外に、改めていくつかの特色を取り上げて考察してみよう。

永遠の救済仏、「久遠の釈尊」の思想

仏は自分の結縁《けちえん》（宗教的絆《きずな》を結ぶこと）した衆生をすべて救済するまでは、涅槃に入らな

い。歴史上の釈尊＝ゴータマ・ブッダは、八十歳で涅槃に入ったが、その後発展した大乗仏教においては、多くの仏が発見、創造、信仰された。『法華経』においてはブッダに即して、ブッダ滅後の衆生を救済する永遠の釈尊という新しい仏を生み出した。

如来寿量品第十六では、弥勒《みろく》菩薩の地涌の菩薩に関する質問を受けて、釈尊は自身が成仏したのは今世ではなく、五百塵点劫というはるか遠い過去においてであることを明かし、あわせて未来も不滅であると説く。

弥勒の質問というのは次のようなものである。従地涌出《じゅうじゆじゅつ》品第十五で、娑婆《しゃば》世界の下の虚空《こくう》に住んでいた六万恒河沙《ごうがしゃ》の菩薩が大地を割って出現する。地から涌《わ》き出たので、彼らを地涌の菩薩と呼ぶ。このような見たことも聞いたこともない菩薩が出現したので、弥勒菩薩が代表して、これらの菩薩はいったいいかなる者なのかについて釈尊に質問する。

釈尊は、これらの菩薩は自分が成仏してから教化した弟子であると答える。しかし、弥勒菩薩は、釈尊はまだ成仏して間もない（四十余年）のに、これほど多くの偉大な弟子がいることに疑問を感じ、さらにこの疑問に答えてくれるように釈尊に願う。如来寿量品は、この弥勒菩薩の質問への答えとして説かれたのである。

釈尊の答えのなかで、『法華経』の三種の中心思想の一つ（他に、「一仏乗の思想」と「地涌の菩薩の思想」）である「久遠《くおん》の釈尊」「永遠の生命をもつ釈尊」の像が明らかにされる。如来寿量品のポイントは、第一に釈尊の寿命が永遠であること、第二に釈尊が涅槃に入るのは方便であること、第三に信仰のある者は釈尊を見ることができるとすることである。

仏教史においては、『法華経』の久遠の釈尊の思想の確立が、一つの画期的な宗教性の深化を意味したと言えるのではないかと思う。

誰でも平等に成仏できることを宣言

仏が衆生を救済するということを、衆生の側から言い換えれば、すべての衆生は平等に成仏できるということである。万人の成仏を説くことが『法華経』の最大のメッセージであり、現代においても最重要な思想である。これは『法華経』においては、一仏乗の思想として説かれ、その後、大乗の『涅槃経』において、「一切衆生悉《ことごと》く仏性有り」というように、衆生に内在する普遍的な仏性という観念によって示された。

『法華経』の一仏乗の思想は、『法華経』以前に説いた声聞・縁覚・菩薩の三乗の教えが衆生の宗教的能力に適合させるための方便の教えであることを打ち明け、誰もが平等に成仏できることを宣言したものである。

『法華経』の物語の展開に即して、もう少し詳《くわ》しく解説すると、仏の「一大事因縁《いちだいじいんねん》」を明かすという文脈で、五千人の増上慢の者の退席の後に、いよいよ仏の一大事、仏の唯一の重大な事がら（仕事）を明らかにする。それによれば、仏は唯一の重大な仕事をするためにこの世に出現したと説かれる。その唯一の重大な仕事とは何か。それは衆生に仏知見《ぶっちけん》を開き、示し、悟らせ、仏知見の道に入らせることである。仏知見は仏の智慧の意味と理解してよい。つまり、仏は衆生を成仏させるためにこの世に出現したと明かすのである。

すべての衆生を成仏させることは、高すぎる目標だとして断念し、それぞれ阿羅漢《あらかん》、辟支仏《びゃくしぶつ》を最終的な目標としてきた声聞・縁覚の二乗の人も成仏できることを意味する。

この一大事因縁の箇所は、『法華経』の一仏乗の思想を直接表現したものであり、『法華経』のなかで、最も重要な宗教的メッセージの一つである。方便品に続く譬喩品第三のなかに、神々がこのメッセージについて、「仏は昔、波羅㮈《はらな》に於《お》いて、初めて法輪を転じ、今乃《すなわ》ち復《ま》た無上最大の法輪を転ず」（仏は昔、ヴァーラーナシーにおいて初めて法輪を転じたが、今、ふたたび無上最大の法輪を転じられた。〔大正九・一二上〕）と述べるところがある。

これはヴァーラーナシーのムリガダーヴァ（鹿野苑《ろくやおん》）における初転法輪《しょてんぼうりん》と『法華経』の説法を対比させたものである。ブッダは梵天《ぼんてん》の勧請《かんじょう》を受けいれ、[8]かつての修行仲間である五人の出家者に対して説法をするためにムリガダーヴァに行く。そこで、不苦不楽の中道や四諦八正道を説いた。これを初転法輪というが、これに対して、方便品の一仏乗を第二の最高の法輪と位置づけたのである。

「共生」の考えを提示した常不軽菩薩品

この一仏乗の思想という『法華経』最大の宗教的メッセージは、いわゆる常不軽菩《じょうふきょう》薩の礼拝行に最も生き生きとした形で描写されていると私は考えている(9)。

常不軽菩薩品第二十には、次のような物語が説かれる。

かつて増上慢の比丘《びく》が勢力をふるっていた威音王仏《いおんのうぶつ》の像法時代に、常不軽という名の出家の菩薩が自分の出会うあらゆる比丘・比丘尼《びくに》・優婆塞《うばそく》・優婆夷《うばい》に向かって、彼らを礼拝し、ほめたたえて次のように語りかける。鳩摩羅什訳には次のようにある。

> 私は深くあなたたちを尊敬し、軽《かろ》んじ侮《あなど》ろうとはしない。なぜかといえば、あなたたちはみな菩薩道を修行して、成仏することができるであろうからである。
> ◇

我深敬汝等、不敢軽慢。所以者何、汝等皆行菩薩道、当得作仏。（大正九・五〇下）

梵本《ぼんぽん》（インドの古典語、サンスクリットで書かれた本）には「礼拝」に対応する梵語がなく、常不軽菩薩はただ上のような言葉を語りかけるだけであるが、いずれにしろ、重要なことは、この常不軽菩薩の行為がすべての人間が菩薩の修行を実践すれば必ず仏となることができるという、人間を最も尊厳《そんげん》視した思想を表現したものであるということである。つまり、すべての人間を未来の仏として平等に尊敬することである。

しかし、何の資格も権限もない常不軽菩薩の授記の行為は周囲の怒りと反感を買って、ひどい迫害の憂《う》き目《め》に遭《あ》うが、常不軽菩薩はこの実践を生涯貫いた。常不軽菩薩の実践は、現代の我々にも大きな示唆《しさ》を与えてくれる。自分の成仏を固く信じ、そしてすべての他者の成仏を固く信じて、相手が仏であることを伝えていく実践である。それは何か具体的な形のある物を相手に提供することではないが、自己の尊厳に目覚めることを教えるものである。

私が相手を仏として礼拝するとき、まだ顕現《けんげん》していないけれども相手の仏性が私を礼拝するという関係、相手を尊敬することがとりもなおさず自己の仏性を顕現することに直結する関係がそこには成立している。自己の尊厳に目覚めることを教えるものである。ともに成仏することのできる尊い存在として互いに尊敬する縁起的共生関係を基盤としていると考える。時代は「共生」の思想を求めているが、ここに『法華経』の提示する「共生」の基本的な着想がある。

慶政《けいせい》（一一八九〜一二六八。天台宗寺門派《じもんは》の僧で、九条道家の兄）の『閑居友《かんきょのとも》』には、常不軽菩薩の実践の意義について、「総じてこの軽んじないという事がらの心は、衆生の胸の底に仏性が存在しているのを拝み申し上げるのである。我らのような惑《まど》いの凡夫は、この道理を知らないけれども、悟りの前では、どのような蟻《あり》や螻蛄《けら》までも見下すべきものはなく、仏性を備えている。地獄・餓鬼までもみな仏性のないものは一人もいないので、この道理を知ってしまえば、賤《いや》しい鳥や獣までも尊くないことはない」(10)（私訳）と述べ、玄常上人《げんじょう》（平安時代の天台僧）が鳥獣にまで腰をかがめた先例は、この動物までも仏性を有するという考えに基づいたものであろうと、慶政は推定している。

　また、万人に仏性のあることを知れば、人を憎んだり嘲《あざけ》ったりすることなども自然となくなると述べて、仏性の思想の役割を指摘している。そして、中国の傅大士《ふだいじ》（〈四九七～五六九〉傅翕《ふきゅう》。善慧《ぜんね》と号す）が「夜な夜なは仏を抱《いだ》きて眠り、朝な朝なは仏と共に起く」と説いた言葉は頼りにできて心強いと感想を述べている。傅大士の言葉は、仏性を持つ我々は常に仏とともに行動していることを指摘したものである。

　一人一人が仏としての自覚を持って行動したならば、世界はどのように変化するであろうか。学校の場での残酷ないじめ、職場・地域でのいじわる、さまざまなハラスメントも、このような自己の尊厳と他者の尊厳にともに目覚める以外に根本的な解決はないのではないかと思われる。

仏とは、どのような存在なのか

では、誰でも成仏できるというが、その仏とはどんな存在であろうか。仏の描写はどうしてもスーパーマンを描くようになりがちであるが、ここでは仏だけが備える特質として説かれてきた「十八不共《ふぐう》仏法」について取り上げよう。十力《りき》・四無所畏《むしょい》・三念住・大悲の十八のダルマ（ここのダルマは、性質の意）である。ここで簡単に説明しよう。

十力とは、仏の持つ十種の智慧の力のことである。

① 道理とそうでないことを区別する力（処非処智力《しょひしょちりき》）
② 業とその報いを知る力（業異熟《ごういじゅく》智力）
③ 四禅・八解脱・三三昧《さんざんまい》・八等至《とうじ》などの禅定を知る力（静慮解脱等持等至智力《じょうりょげだつとうじとうじ》）
④ 衆生の宗教的能力の優劣を知る力（根上下智力）
⑤ 衆生のさまざまな願いを知る力（種種勝解《しょうげ》智力）

⑥衆生のさまざまな境界を知る力（種種界智力）
⑦衆生がさまざまな場所に生まれ変わることを知る力（遍趣行《へんしゅぎょう》智力）
⑧自他の過去世を記憶している力（宿住随念《しゅくじゅうずいねん》智力）
⑨衆生の未来の死生について知る力（死生《ししょう》智力）
⑩煩悩が尽きることを知る力（漏尽《ろじん》智力）

四無所畏は、四種の畏《おそ》れのない自信のことである。

①自己が最高の正しい悟りを得たと断言することに畏れを持たないこと（正等覚《しょうとうがく》無畏）
②自己が煩悩を永久に消滅させたと断言することに畏れを持たないこと（漏永尽《ろようじん》無畏）
③障法（法を障《さまたげ》るもの）＝煩悩について弟子たちに説くことに畏れを持たないこと（説障法《せつしょうほう》無畏）
④煩悩を滅する出離の道について弟子たちに説くことに畏れを持たないこと（説出道

無畏）

三念住は、①仏を信ずる弟子、②仏を信じない弟子、③仏を信ずる弟子と信じない弟子が混在する弟子集団、という三種類の弟子の信仰のあり方に対して、不動心で一喜一憂しないことである。

大悲は、衆生に対する限りない慈《いつく》しみの心を持つことである。

仏の二大特性は、智慧と慈悲であるが、十八不共仏法にはそれが含まれている。また、揺るぎない自信と不動心を、智慧と慈悲に加えている。『法華経』方便品に「勇猛精《ゆうみょうしょう》進《じん》」と出てくるが、勇気を指していると言ってよいと思う。もちろん、仏がこのような徳を身につけているのは、「真理」を体得していることに基づく。

真理は、サンスクリット語では「ダルマ」である。要するに、真理、智慧、慈悲、勇気、自信、不動心などの徳を中心に、仏教では仏のあり方を考えてきたのである。慈悲がもし優しい側面にのみ偏《かたよ》る印象を与える恐れがあるとしたら、勇気をつけ加えることができるかもしれない。

「地涌の菩薩」は衆生を救済するために悪世を選んで生まれる

次に、輪廻《りんね》と解脱《げだつ》に関する大乗仏教の新しい捉《とら》え方を取り上げたい。部派仏教においては、すべての煩悩を断ち切ることによって、輪廻の世界から解脱して、涅槃《ねはん》の世界に入ることを目的とする。すなわち、輪廻と涅槃を二元的に対立するものと見るのである。仏教というと、厭世《えんせい》主義と思われがちであるが、このような世界観をそのように評価したものではないか。

しかし、大乗仏教においては、この輪廻の世界を、菩薩道を実践する場として、肯定的に評価する思想が生まれた。『法華経』法師品のなかでは、釈尊の滅後に『法華経』を受持するものは、すでに悟りを開いた偉大な菩薩であり、本来はすばらしい果報《かほう》を満《まん》喫享受《きっきょうじゅ》する資格があるが、あえてその果報を捨て、衆生に対する大慈悲心から、釈尊滅後という悪世を選んで『法華経』を説法し、衆生を救済すると説いている。これは地《じ》涌《ゆ》の菩薩に対する捉え方である。

また、久遠の釈尊が涅槃に入らずに、常に娑婆《しゃば》世界の霊鷲山《りょうじゅうせん》にあって衆生を救済し続けるという『法華経』の中心思想に、この考えがよく表われている。久遠の釈尊が住する霊鷲山は、如来寿量品に「衆生所遊楽《しゅじょうしょゆうらく》」といわれ、衆生の遊び楽しむ場所と規定されている。寿量品の思想に基づき、後には「霊山浄土」という考えが生まれた。また、この現実の娑婆世界という穢土《えど》がそのまま寂光浄土《じゃっこうじょうど》であるという「娑婆即寂光《じゃっこう》」「穢土即浄土」という考えも生まれた。これが単なる人生の辛酸《しんさん》から遊離した貴族の単なる哲学的観照《かんしょう》に終わっては何にもならないが、この現実の世界は、本来、人間が幸せを満喫する場所であるというメッセージは、我々を勇気づけてくれるし、そのような世界、社会の建設に強く動機づけてくれる。

四　宗教は人間のためにある

人間そのものに光を当てる

『法華経』に限らず、何らかの宗教聖典《せいてん》の現代的意義を問う場合、そもそも宗教聖典の意義は特定の時代に限定されるものではなく、時代を越えた長い生命力を保持しているはずであるという知見にも配慮しなければならない。たとえば『新約聖書』にしても、ここで取り上げる『法華経』にしてもおよそ二千年の長い歴史を持ち、これまでそれぞれの時代、地域において大きな歴史的役割を果たしてきたことは、多くの人々が承認するところであろう。

では、宗教聖典はなぜ長い生命力を持つことができたのであろうか。人間の生活には、物質的な生活水準、知識の量など時代によって変化する部分もあるが、生老病死などの苦の問題、罪の問題、悪の問題など時代によって変化しない部分もある。

我々が善き生き方を模索《もさく》する場合、その変わらない部分をどのように捉《とら》えるのかが重要な課題となると考えられる。宗教聖典はまさに時代によって変わらない人間そのものに光を当て、人間に関する深い知見を人類に提供してきたのではないかと思われる。

しかし、他方では、宗教聖典が自動的に時代の問題、時代の要求に答えを出してくれるわけではないことも明らかである。宗教聖典に真剣に取り組み、問いかけ、その答えの声を聞くという人間の側の行為を抜きにしては、宗教聖典がそれぞれの時代に一定の役割を果たし、ひいては時代を越えた役割を長く果たすこともできなかったであろう。

現代は、科学技術の発展、そしてそれに基づく人口の急速な増加、経済のグローバリゼーションなどによって、これまで人類の経験してこなかった生命倫理の諸問題、食糧問題、地球環境の破壊の問題など深刻な問題が我々に投げかけられている時代である。また東西の冷戦構造が崩壊《ほうかい》した後も、期待された平和はなかなか訪れることなく、かえって世界各地において、戦争の火種《ひだね》がくすぶっており、殺戮《さつりく》と報復が民衆を苦しめ、その嘆きを増幅させているのも事実である。

『法華経』のメッセージを聞くために

『法華経』の現代的意義を問う場合、これらの現代の諸問題に対する解答を『法華経』からダイレクトに引き出すことはできないことを、まず認めなければならないと、私は考える。宗教聖典が成立した時代に予想もしなかった問題が生じているのであるから、宗教聖典に現代の諸問題を解決する具体的な処方箋《せん》を期待するのではなく、むしろ宗教聖典にはさまざまな問題を解決に導く根源的なメッセージが隠されており、それを発見、発掘することこそが期待されよう。

思うに、宗教聖典と時代の間には、その時代を生きる人間が介在《かいざい》し、その人間の諸問題に対する具体的な格闘がなければ、宗教聖典は沈黙し続けるだけであろう。つまり、『法華経』の場合には、『法華経』に真剣に取り組む人々が、それぞれの立場で『法華経』の声を聞き取ることができるかどうかが重要であると思われる。

ここでは、現代において、我々が『法華経』からどのようなメッセージを受け取ることができるのかを、私なりに考えてみたい。

『法華経』の一仏乗の思想

『法華経』といえば、一仏乗の思想がすぐに思い浮かぶ。この一仏乗の根源的イメージは、統合と多様性であると考える。もともと一仏乗の思想は、『法華経』以前に説かれた釈尊のあらゆる教えを方便《ほうべん》であると切り捨てるだけでなく、方便であることを認識したうえでは、かえってすべての教えが活《い》かされる、つまり蘇生《そせい》することを説く。

その証拠として、『法華経』以前に成仏できないと規定された声聞が真の声聞の自覚を持って、成仏の確信を抱くことが説かれ、またどんなささやかな善行も成仏に直結することが示されている。

これは中国仏教では「開会《かいえ》」という術語で呼ばれた『法華経』の特徴であり、『法華経』

があらゆる教えを蘇生《そせい》させるという働きを指し示す。
『法華経』は、諸仏を時間的・空間的に統合し釈尊一仏に帰着させ[11]、また釈尊のあらゆる教えを一仏乗に帰着させる。このように言うと、「統合」の側面のみが強調されるように思うかもしれないが、「開会」に見られるように、「統合」が示されるとともに、「多様性」が蘇生するのである。問題は、その統合をどのように捉えるかである。

これを宗派性の強いドグマティズム（教条主義）に求めれば、「多様性」の尊重も画餅《がべい》であるが、一仏乗の思想を「人間の尊厳」を説き切ったものとして位置づければ、この「人間の尊厳」をはずさない限り、さまざまな「多様性」が蘇生し、尊重されるはずである。

このことは、人間は宗教のためにあるのではなく、宗教は人間のためにあるのであるという認識と密接に関係している。この認識は、一歩間違えば、人間の傲慢《ごうまん》に追従し、宗教性を失う危険性のあるものであるが、人間の尊厳を強調する点では、根本的に重要な発想であると思う。

宗教間の争いのために、かえって人間が犠牲になり不幸になるようなことがあっては、それこそ本末転倒《ほんまつてんとう》である。統合と多様性のイメージを示す『法華経』は、現代の一つの課題である宗教間対話の可能性にも道を開くものであると考える。

五 「諸行無常」は新しい価値創造への里程標

「諸行無常」の意味は現象世界の変化の可能性を指摘したもの

ゴータマ・ブッダは、その臨終最期の説法で、「もろもろの事象は過ぎ去るものである。怠《おこた》ることなく修行を完成しなさい」（中村元訳『ブッダ最後の旅――大パリニッバーナ経――』［岩波書店、一九八〇年］一五六頁）と語った。

実は、仏教は楽観主義でもなく、悲観主義でもない。現代という時代が悲観主義に覆《おお》われ、希望を失っているからこそ、今、楽観主義を強調しなければならないと考え、その点に焦点を当てて考察してきた。

ブッダの臨終の説法にある「もろもろの事象は過ぎ去るものである」とは、「諸行無《しょぎょうむ》常《じょう》」と同じ意味と解釈できるが、(12) これは現象世界の冷厳なる現実であり、真理である。これは「むなしさ」「空虚感《くうきょかん》」といった日本人の受け取る心情的な無常感ではないことに注意する必要がある。

「諸行無常」の真の意味は、現象世界の変化の可能性を指摘したものであるということである。変化とは、よいものが悪いものに変化し、逆に悪いものがよいものに変化するということである。要するによくなるか悪くなるかの二つの可能性に開かれているのである。

だからこそ、ブッダは、「諸行無常」の後に、「怠ることなく修行を完成しなさい」と弟子たちに呼びかけたのである。我々は無限の可能性に開かれているので、努力によって凡夫から成仏を目指しなさいと、ブッダは最期のメッセージを与えたのである。これこそ仏教の精進主義、努力主義の立場である。

「法」を根本とした生き方は不動の自信を与える

上に述べたが、仏は真理（ダルマ）に目覚めて仏となった。『法華経』はこの仏の悟ったダルマを経典のタイトル（サッダルマプンダリーカ・スートラ）の一部に採用している。

このダルマは仏教史において、仏が出現してもしなくても、永遠の存在であると示されてきたし、『法華経』には、釈尊ばかりでなく、日月灯明仏《にちがつとうみょうぶつ》、大通智勝仏《だいつうちしょうぶつ》などの過去仏が共通に説く究極の教えを「法華経」としている。その意味で、『法華経』は仏の悟るべきダルマを説いたものとして、永遠的、普遍的な教えとされるのである。

仏教の精神は、仏道修行によってこのダルマを我が身に実現、体得し、智慧、慈悲を開花させることを目的としている。拝金主義が横行し、人々の倫理が衰退している現代、人々は何を根本に生きていくべきか迷っている。この永遠の法を根本に生きるという生き方は、激動の時代に生きる我々に不動の自信を与えてくれるのではないであろうか。

『法華経』の現代的意義という本章の大きなテーマに十分に答えることはできず、少しばかり『法華経』の特色ある思想の解説をしたにすぎなかった感があることは否めない。ただ私自身としては、永遠の法を根本とする生き方、自己の尊厳と他者の尊厳に目覚めることによって、相互尊敬の共生の世界を実現し、この苦しみ多い現実の世界を衆生の遊楽することのできる世界に変えてゆく生き方を『法華経』から学びたいと願うばかりである。

最初に述べたように、時代と聖典の間には時代を真剣に生きる人間が介在してこそ、はじめて時代と聖典の関係を語ることができる。『法華経』に関心を寄せる読者が、それぞれの立場で『法華経』の現代的意義を自らに問いかけてほしいと思う。そしてそれは私自身の課題でもある。

【第三章】「救われる者」から「救う者」へ
——誓願に生きる

本章では、はじめに、法師品における願生《がんしょう》の菩薩（地涌の菩薩）について紹介する。これは、仏滅後の『法華経』の担《にな》い手、つまり従地涌出《じゅうじゆじゅつ》品に出る地涌の菩薩の性格を先取りして明らかにしたものと解釈できる。次に、願生の菩薩が願って生まれてくる娑婆世界は、『法華経』においてどのように捉《とら》えられているのかを考察する。

娑婆世界は、とくに釈尊滅後、宗教的に劣悪な衆生が住む穢土悪世《えどあくせ》として描写されていることを紹介する。最後に、穢土悪世と規定される娑婆世界が、如来寿量品においては、久遠の釈尊が常住する浄土として描かれているが、地涌の菩薩の実践との関連で、その思想的意味を考察する。

『法華経』における菩薩《ぼさつ》道について考察する際には、法師品《ほっしほん》第十から嘱累品《ぞくるいぼん》第二十二までの部分が重要となる。(13)

一　法師品に説かれた願生の菩薩（地涌の菩薩）

衆生を憐れむが故に悪世に生まれる

法師品の冒頭において、釈尊は薬王《やくおう》菩薩をはじめとする八万の菩薩に対して、『法華経』信仰の功徳《くどく》、『法華経』を信仰するものの本地について説いている。冒頭《ぼうとう》の経文を仮に八段に区切って引用し、その内容を考察する。

(1) そのとき、世尊は薬王菩薩を機縁として、八万の菩薩に告げた、「薬王よ。あなたはこれらの大勢の人々のなかに計量することもできない多くの神々・龍王《りゅうおう》・夜叉《やしゃ》・乾闥婆《けんだつば》・阿修羅《あしゅら》・迦楼羅《かるら》・緊那羅《きんなら》・摩睺羅伽《まごらか》などの人間と人間でないもの、及《およ》び比丘《びく》・比丘尼《びくに》・優婆塞《うばそく》・優婆夷《うばい》、声聞を求める者・辟支仏《びゃくしぶつ》を求める者・仏道を求める者を見るか。このようなものたちがみな仏の前で、『妙法華経』の一偈《げ》、一句を聞いて、一瞬でも心に歓喜すれば、私はすべて（彼らの）ために、最高の正しい悟りを得るであろうと授記する」と。

◇

爾時世尊因薬王菩薩、告八万大士、薬王。汝見是大衆中無量諸天・龍王・夜叉・乾闥婆・阿修羅・迦楼羅・緊那羅・摩睺羅伽、人与非人、及比丘・比丘尼・優婆塞・優婆夷・求声聞者・求辟支仏者・求仏道者。如是等類咸於仏前、聞妙法華経一偈一句、乃至一念随喜者、我皆与授記。当得阿耨多羅三藐三菩提。（大正九・三〇中）

仏の前で、『法華経』の一偈、一句を聞いて、一瞬でも心に歓喜すれば、仏は未来成仏の予言を与えるとされる。

(2) 仏が薬王に告げた、「さらにまた、如来が涅槃《ねはん》に入った後に、もし人が法華経の一偈、一句でも『法華経』を聞いて、一瞬でも心に歓喜すれば、私はまた最高の正しい悟りの予言を与えよう」と。

◇

仏告薬王、又如来滅度之後、若有人聞妙法華経、乃至一偈一句、一念随喜者、我亦与授阿耨多羅三藐三菩提記。（三〇下）

仏が涅槃に入った後に、『法華経』の一偈、一句でも聞いて、一瞬でも心に歓喜すれば、仏は未来成仏の予言を与えるとされる。(1)、(2)は仏の在世のときと涅槃に入った後という相違があるが、いずれも『法華経』を聞いて歓喜するものは未来に成仏できることを指摘したものである。

次に、(3)から(5)に、願生《がんしょう》の菩薩の思想が見られる。

(3)もし『法華経』を、ひいては一偈でさえも受持《じゅじ》・読《どく》・誦《じゅ》・解説《げせつ》・書写し、この経巻を仏のように尊敬して見、華・香・首飾り・抹香《まっこう》・塗香《ずこう》・焼香・絹がさ・旗ほこ・衣服・音楽などのさまざまな物を供養し、合掌し尊敬するものは、薬王よ、これらの人は十万億（一説には百億）の仏たちを供養し、仏たちのもとで大願を実現したことがあり、衆生を憐《あわ》れむからこの人間世界に生まれたのであると知るべきである。

◇

若復有人受持・読・誦・解説・書写妙法華経、乃至一偈、於此経巻敬視如仏、種種供養華・香・瓔珞・末香・塗香・焼香・繒蓋・幢幡・衣服・伎楽、乃至合掌恭敬、薬王。当知諸人等已曾供養十万億仏、於諸仏所成就大願、愍衆生故、生此人間。（同前）

極端には、『法華経』の一偈でさえも受持・読・誦・解説・書写し、『法華経』を仏のように尊敬し、華・香などのさまざまな物を供養し、合掌し尊敬するものは、十万億の仏たちを供養し、仏たちのもとで大願を実現したことがあり、衆生を憐れむからこの人間世界に生まれたとされる。

(4) 薬王よ。もし人が『どのような衆生が未来世に成仏することができるのか』と質問するならば、これらの人が未来世に成仏することができると示すべきである。なぜかといえば、若し善男子・善女人が『法華経』、ひいては一句でさえも受持・読・誦・解説・書写し、経巻に対して、華・香・首飾り・抹香・塗香・焼香・絹がさ・旗ほこ・衣服・音楽などのさまざまな物を供養し、合掌し尊敬するものは、あらゆる世間で尊敬され、如来に対する供養と同じように供養されるべきである。これらの人は大菩薩であって、最高の正しい悟りを完成しているが、衆生を憐れむからこの世間に生まれることを願って、『法華経』を敷衍《ふえん》し事分けして説き明かすのである。

◇

薬王。若有人問、何等衆生於未来世当得作仏、応示是諸人等、於未来世必得作仏。

何以故。若善男子・善女人於法華経、乃至一句、受持・読・誦・解説・書写、種種供養経巻華・香・瓔珞・末香・塗香・焼香・繒蓋・幢幡・衣服・伎楽、合掌恭敬、是人一切世間所応瞻奉、応以如来供養而供養之。当知此人是大菩薩、成就阿耨多羅三藐三菩提、哀愍衆生、願生此間、広演分別妙法華経。（同前）

極端には、『法華経』の一句でも受持・読・誦・解説・書写し、華・香などのさまざまな物を『法華経』に供養し、合掌し尊敬するものは、あらゆる世間で尊敬され、如来に対する供養と同じように供養されると説かれる。これらの人は大菩薩であって、最高の正しい悟りを完成しているが、衆生を憐れむからこの世に生まれ、『法華経』を敷衍して説き明かすとされる。

(5)（『法華経』の一句でもそうなのであるから、）まして（『法華経』）全体を受持し、さまざまな仕方で供養するものはなおさらである。薬王よ。これらの人は自分で清浄《せいじょう》な業《ごう》の果報《かほう》を捨てて、私が涅槃《ねはん》に入った後に、衆生を憐れむから悪世に生まれて、この経を敷衍《ふえん》して説くであろう。

◇

何況尽能受持、種種供養者。薬王。当知是人自捨清浄業報、於我滅度後、愍衆生故、生於悪世、広演此経。（同前）

『法華経』の一句でもそうなのであるから、『法華経』全体を受持し、さまざまな仕方で供養するものはなおさらであると説かれる。これらの人は清浄な業の果報（業による報いの結果）を捨てて、仏が涅槃に入った後に、衆生を憐れむから悪世に生まれて、『法華経』を敷衍して説くとされる。

(3)は『法華経』を受持・読・誦・解説・書写するなど、真剣に修行するものは、過去世において多くの仏たちを供養し、成仏の大願を実現したものであり、本当はそのすばらしい果報を満喫享受《まんきつきょうじゅ》していればよいのであるが、衆生を憐れむ大慈悲心によってこの悪世に生まれてきたとされる。

これは(4)においても、最高の正しい悟りを完成した大菩薩とされ、如来に対する供養と同じように供養される尊い存在であることが強調されている。さらに、(5)においても、清浄な業の果報を捨てたと指摘されている。(4)に端的に「この(世)間に生まれることを願って(願生此間《がんしょうしけん》)」と説かれ、(5)に「自分で清浄な業の果報を捨てて(自捨《じしゃ》清浄業報《しょうじょうごうほう》)」と説かれるように、ここには業生《ごっしょう》(業によって生まれる)ではなく、願生《がんしょう》(誓願によって生まれる)の菩薩が説かれている。

願生の菩薩は、すでに部派仏教時代の大衆部《だいしゅぶ》の思想のなかに見られる。たとえば、玄《げん》奘《じょう》訳『異部宗輪論《いぶしゅうりんろん》』には、釈迦菩薩について(菩薩一般ではない)、「(釈迦)菩薩は衆生に利益を与えようとするために、悪道に生まれることを願えば、自由に(悪道に)行くことができる。[14]」と説かれている。[15]

仏教の初期の業の思想によれば、この輪廻《りんね》の世界に転生《てんしょう》(生まれ変わる)することは端《たん》的《てき》に迷いの生存の繰り返しであり、その輪廻をもたらす原因は、煩悩《ぼんのう》に汚《けが》された悪業そのものである。しかし、衆生を救済することを本分とする菩薩が単に過去の悪業によってこの世に輪廻転生してくるとすることは、一部の仏教徒の心情にはそぐわないものがあったのであろう。

そこで、彼らは、菩薩がこの世に生まれる原因として、衆生を救済しようとする誓願《せいがん》(praṇidhāna) の力に注目したのである。この大衆部の願生の菩薩の思想を拡大発展させたものが大乗仏教の菩薩思想であり、法師品《ほっしほん》に見られる思想もその典型的な例の一つと見なしうる。

『法華経』の信仰者の特色として、しばしばその実践的、行動的な面が指摘されるが、その背景の一つに(3)から(5)に説かれるような思想が関係していると思われる。

つまり、『法華経』を信仰する者は、過去世においてすでに最高の正しい悟りを完成したものであるが、衆生への大慈悲心から、あえてその清浄な業の果報を捨ててこの悪世に生まれて、『法華経』を説き広めるとされるのである。

『法華経』を信仰する自己が現在どんなに恵まれない境遇《きょうぐう》に置かれていても、それは自己が大慈悲心の故に、あえて恵まれた果報を捨てたからにほかならないと解釈できることになる。

このような考えは、第三者から見れば、独善的《どくぜんてき》な自惚《うぬぼ》れとしか見えないかもしれないが、実際に苦悩に呻吟《しんぎん》する者にとっては、世界観の転換をもたらす曙光《しょこう》となりうるのである。

しかし、自分が選んで生まれてきたといっても、恵まれない現在の境遇に安住するだけであるならば、運命に支配された諦念《ていねん》（諦《あきら》めの）の人生観にすぎない。

確かに業生と願生の二つは二重基準（double standard）というべきもので、混乱をもたらす面もなくはないが、自己の業の自覚から、さらに自覚を深めて、自己の本願《ほんがん》（過去世の誓願、pūrva-praṇidāna）を想起・発見し、自己の境遇の変革、他者の救済に積極的にかかわっていくことは、人生観の根本的な転換をもたらすものである。[16]

宿業《しゅくごう》に翻弄《ほんろう》される凡夫《ぼんぷ》の境涯からの超越を願うとき、第一に現在の境遇の責任を他者に転嫁《てんか》するのではなく、自己の責任において引き受けることが、「宿業の自覚」である。

しかし、そこにとどまるのではなく、自己の変革を目指して仏道修行を進める過程において、「本願の自覚」が実現するのである。これはとりもなおさず菩薩としての自己認識である。自分は菩薩であるという自覚である。

このような「宿業の自覚」から「本願の自覚」に転換することが大乗仏教の特色であり、これを「誓願《せいがん》の宗教」と呼びたい。

この立場をさらに説明すると、自力によって自己の悟りを追求するのでもなく、他力《たりき》によって絶対的救済者から救われることを求めるのでもなく、自己の本地《ほんじ》、すなわち、自己は過去世においてすでに悟りを開いた大菩薩であり、自ら選んでこの悪世に生まれ、衆生のために『法華経』を説くべき存在であることを深く自覚して、この世における使命を実践すればよいとされるのである。

ここには宗教的にきわめて興味深い哲学が示されていると言えよう。確かに大乗仏教には、阿弥陀《あみだ》信仰や観音《かんのん》信仰に代表されるような、仏・菩薩によって救われたいと祈る信仰がある。人間の力を越えた大いなるものへの祈りは人間にとって重要な意義を持っていると私も思う。

しかし、大乗経典の根本思想は救われる者から救う者への転換を自覚し実践することにあると私は考えている。それが「誓願《せいがん》の宗教」と呼ぶゆえんである。大乗経典は大勢《おおぜい》の衆生を救済したいという願いを基盤として成立しているので、そこには救われるべき大勢の衆生の存在が強調されていることも確かである。

しかし、救われる者の存在の背後には、救う者がいなくてはならない。経典には救済者として多くの仏・菩薩が登場するが、それら仏・菩薩の存在のかげに、救う者としての自覚に立った無名の菩薩たちが確かに存在したはずである。「誰でもが菩薩」という大乗仏教においては、一人一人が大いなる力に支えられて救う者へと自己転換を図ることが目指されているのではないであろうか。

では、この世の使命とは何か。これについては、(6)に説かれる。

「救われる者」から「救う者」へ

(6) もし善男子・善女人が、私が涅槃に入った後に、密《ひそ》かに一人のために『法華経』、ひいては一句でさえも説くものは、この人は如来の使者として如来に派遣《はけん》され、如来の仕事を実行するものであると知るべきである。まして大勢《おおぜい》の人々のなかで広く『法華経』を説くものはなおさらである。

◇

若是善男子・善女人、我滅度後、能竊為一人説法華経、乃至一句、当知是人、則如来使、如来所遣、行如来事。何況於大衆中広為人説。（同前）

仏が涅槃に入った後に、密かに一人のために『法華経』の一句でも説くものは、如来の使者として如来に派遣され、如来の仕事を実行するものであると説かれる。まして大勢の人々のなかで『法華経』を説くものはなおさらであるとされる。ここには、キリスト教などに見られるいわゆる「使徒」的意識が明確に示されている。

このような使命の人は、高尚尊厳《こうしょうそんげん》な存在であり、これに対して一言でも悪口を言うものは、仏に対して一劫《いっこう》という途方もない長時間悪口を言う罪より重いのであり、かえって最大限に尊敬し供養しなければならないとされる。このことは次の(7)、(8)に示されている。

(7) 薬王よ。もし悪人が悪心を抱いて仏の前で一劫の間、常に仏をののしっても、その罪はまだ軽い。もし人が『法華経』を読誦する在家・出家の者に対して一言悪口を言えば、その罪はとても重い。

◇

薬王。若有悪人以不善心、於一劫中現於仏前、常毀罵仏、其罪尚軽。若人以一悪言、毀呰在家・出家読誦法華経者、其罪甚重。(三〇下—三一上)

ここでは、もし悪人が悪心を抱いて仏の前で一劫の間、仏をののしっても、その罪はまだ軽いとされる。これに比べて、『法華経』を読誦《どくじゅ》する在家・出家の者に対して一言でも悪口を言う罪はそれよりはるかに重いとされる。

(8) 薬王よ。『法華経』を読誦するものがいれば、この人は仏の荘厳《しょうごん》によって自らを荘厳するので、如来の肩に担《にな》われるものである。その人の行くところはどこででも、その人に敬礼し、ひたすら合掌・尊敬・供養・尊重・讃歎《さんたん》し、華・香・首飾り・抹《まっ》香《こう》・塗香《ずこう》・焼香《しょうこう》・絹がさ・旗ほこ・衣服・ご馳走を供養し、音楽を演奏し、人間界の最高の供養によって供養すべきである。天の宝をその上に散らせ、天の宝の集まりを献上すべきである。なぜならば、この人が歓喜して法を説くとき、一瞬でも聞くならば、すぐに最高の正しい悟りを完成することができるからである。

◇

薬王。其有読誦法華経者、当知是人、以仏荘厳而自荘厳、則為如来肩所荷担。其所至方、応随向礼、一心合掌、恭敬・供養・尊重・讃歎、華・香・瓔珞・末香・塗香・焼香・繒蓋・幢幡・衣服・餚饌、作諸伎楽、人中上供而供養之。応持天宝、而以散之、天上宝聚、応以奉献。所以者何、是人歓喜説法、須臾聞之、即得究竟阿耨多羅三藐三菩提故。（三一上）

『法華経』を読誦《どくじゅ》するものは、仏の荘厳によって自らを荘厳するものであり、如来の肩に担《にな》われるものであると説かれる。その人の行くところはどこででも、その人に敬礼し、ひたすら合掌・尊敬・供養・尊重・讃歎し、華・香などのさまざまな物で供養し、天の宝をその上に散らせ、天の宝の集まりを献上《けんじょう》すべきである。

なぜならば、この人が歓喜して『法華経』を説くとき、一瞬でも聞くならば、すぐに最高の正しい悟りを完成することができるからであると説かれる。その使命の人が高尚尊厳な存在である理由として、(8)の最後には、この偉大な人が『法華経』を説くのを聞くことによって、すべての衆生が最高の正しい悟りを完成することができることを明らかにしている。

『法華経』は、釈尊臨終《りんじゅう》直前の説法であると位置づけられているので、この法師品《ほっしほん》の冒頭に言及される『法華経』の担い手は、実際には、釈尊滅後の『法華経』の担い手と言ってもかまわない。

したがって、ここに説明される菩薩は、後の従地涌出品《じゅうじゆじゅっぽん》に出現する地涌の菩薩にほかならないのである。つまり、地涌の菩薩は、願ってこの娑婆《しゃば》世界に出現する大菩薩である。地涌の菩薩は、『法華経』の物語の展開においては、釈尊の眼前に登場するのであるが、『法華経』の趣旨《しゅし》をくめば、釈尊滅後にこの娑婆世界に願って生まれてくる『法華経』の担い手を指すと言えるであろう(17)。

二　地涌の菩薩が出現する穢土としての娑婆世界

娑婆世界とは

では、法師品における願生《がんしょう》の菩薩＝地涌《じゆ》の菩薩が願って生まれてくる娑婆世界とは、『法華経』のなかでは、いかなる世界として描かれているのであろうか。『法華経』方便《ほうべん》品には、諸仏は五濁《ごじょく》悪世に出現し、機根の劣悪《れつあく》な衆生に対して一仏乗をそのまま説くことをせず、方便力によって衆生の宗教的レヴェルに合わせて三乗を説くことを明かす。

> 諸仏は五濁悪世に出現する。いわゆる劫濁《こうじょく》・煩悩《ぼんのう》濁・衆生濁・見《けん》濁・命濁《みょうじょく》である。舎利弗よ。劫が濁り乱れる時、衆生の垢《けが》れは重く、物惜《お》しみし嫉妬《しっと》し、多くの悪業を成し遂げるので、諸仏は方便力によって、一仏乗について、区別して三乗を説く。◇

諸仏出於五濁悪世。所謂劫濁・煩悩濁・衆生濁・見濁・命濁如是。舎利弗。劫濁乱時、衆生垢重、慳貪嫉妬、成就諸不善根故、諸仏以方便力、於一仏乗分別説三。（大正九・七中）

五濁とは、次の五種の濁りで、悪世の特徴とされるものである。

劫濁（戦争・疫病・飢饉《ききん》などが多いという時代の濁り）
煩悩濁（煩悩が多いという濁り）
衆生濁（衆生の身心が弱り、苦しみが多いという濁り）
見濁（誤った思想がはびこるという濁り）
命濁（衆生の寿命が短くなるという濁り）

釈尊の娑婆世界にあてはめれば、娑婆世界も五濁悪世と捉《とら》えられていることは言うまでもない。とくに、釈尊滅後と悪世を結びつける記述は多い（「吾滅後悪世《ごめつごあくせ》」［三一上］、「若仏滅後《にゃくぶつめつど》　於悪世中《おあくせちゅう》」［三四上］、「仏滅度後《ぶつめつどご》　於悪世中《おあくせちゅう》」［同前］などを参照）ので、釈尊滅後の娑婆《しゃば》世界はとくに穢土《えど》悪世と捉えられていることになる。

また、譬喩《ひゆ》品には、衆生の輪廻《りんね》する娑婆世界を火宅《かたく》にたとえ、その恐ろしいありさまを徹底的に描いている。(18) これも娑婆世界の穢土であることを強調した描写となっている。(19) また、見宝塔《けんほうとう》品において、多宝塔の扉を開けるために、釈尊は自身の分身《ふんじん》仏を十方世界から娑婆世界に集合させる。釈尊は、分身仏の住む世界が浄土であるさまを描写した後、娑婆世界を浄土に変え、分身仏を娑婆世界に迎える。

これらの記述から、娑婆世界がもともと穢土として捉えられていることは明らかである。この娑婆世界が浄土《じょうど》に変化させられる物語は、如来寿量《にょらいじゅりょう》品に出る娑婆世界を浄土と見なす考え方（次節で考察する）の準備的叙述と見ることも可能であるが、見宝塔品では、釈尊の神通《じんずう》力によって娑婆世界が浄化されている点が、如来寿量品において説かれる久《く》遠《おん》の釈尊と地涌《じゆ》の菩薩の協同による浄化とは相違する。

願生《がんしょう》の菩薩＝地涌の菩薩が願って生まれてくる、釈尊滅後の娑婆世界とは、このように穢土悪世として捉えられている。このことを別の角度から明瞭《めいりょう》に示す興味深い物語が勧持品に説かれている。

願生の菩薩＝地涌の菩薩が最終的に、釈尊滅後の『法華経』の受持・弘通《ぐずう》を委託《いたく》されるのであるが、この願生の菩薩＝地涌の菩薩と対照的に、娑婆世界における『法華経』の受持・弘通を誓うが許可されない菩薩たちや、はじめから娑婆世界における『法華経』の受持・弘通を断念・回避する声聞たちの姿が勧持品において描かれている。

釈尊は、見宝塔品において次のように言う。

> すぐに釈迦牟尼《むに》仏は神通《じんずう》力によって、大衆を受けとめてみな虚空に置き、大きな声でくまなく四衆《ししゅ》に告げた、「だれがこの娑婆国土で、敷衍《ふえん》して『法華経』を説くのか。今ちょうどその時である。如来はまもなく涅槃《ねはん》に入るであろう。仏はこの『法華経』をしっかりと付嘱《ふぞく》させる。」

◇

即時釈迦牟尼仏以神通力、接諸大衆皆在虚空。以大音声普告四衆、誰能於此娑婆国土、広説妙法華経。今正是時。如来不久当入涅槃。仏欲以此妙法華経、付嘱有在。（大正九・三三下）

大衆に、釈尊滅後の『法華経』の受持・弘通を呼びかけている。これに応えて、勧持品《かんじほん》において、はじめに、薬王菩薩と大楽説《だいぎょうぜつ》菩薩は二万の菩薩の眷属《けんぞく》とともに、滅後の弘経を誓う。その誓いの言葉のなかに、次のように説かれる。

（仏滅）後の悪世の衆生は、善根《ぜんごん》がますます少なく、増上慢《ぞうじょうまん》が多く、利益と供養を貪《むさぼ》り、悪業《あくごう》を増し、解脱《げだつ》から遠ざかる。教化することは難しいけれども、我らは偉大な忍耐の力を生じて、この経を読誦《どくじゅ》し、受持、解説《げせつ》、書写し、様々な仕方で供養し、身命を惜しまないであろう。

◇

後悪世衆生善根転少、多増上慢、貪利供養、増不善根、遠離解脱。雖難可教化、我等当起大忍力、読誦此経、持説書写、種種供養、不惜身命。（大正九・三六上）

釈尊滅後の悪世の衆生は宗教的に劣悪な存在で、教化することが難しいこと、それにもかかわらず、彼らは「大忍力《だいにんりき》」（偉大な忍耐の力）によって『法華経』の担い手となることを誓っている。

娑婆世界での受持・弘通を避けた声聞たち

次に、五百弟子受記品において授記された五百の阿羅漢《あらかん》、授学無学人記品《じゅがくむがくにんき》で授記された八千人の声聞、勧持品で授記された比丘尼《びくに》たちは次のように誓った。

（娑婆世界）と異なる国土で、敷衍《ふえん》してこの経を説こう。

於異国土広説此経。（同前）

◇

我らもまた他の国土で敷衍してこの経を説こう。なぜかといえば、この娑婆国《しゃばこく》の人は悪が多く、増上慢を持ち、功徳は少なく、怒りで濁《にご》りへつらい、心は誠実ではないからである。

我等亦当於他国土広説此経。所以者何、是娑婆国中人多弊悪、懐増上慢、功徳浅薄、瞋濁諂曲、心不実故。（同前）

◇

我らもまた他方の国土でこの経を広く述べ伝えよう。

我等亦能於他方国土広宣此経。（大正九・三六中）

◇

これらの声聞たちの共通点は、娑婆世界以外の国土において『法華経』を受持・弘通することを誓っていることである。彼らが娑婆世界を避ける理由については、八千人の声聞の誓《ちか》いのなかに出るように、娑婆世界の衆生が宗教的に劣悪な存在だからである。明言されていないが、先の薬王菩薩などの誓いに見られた菩薩の「大忍力《だいにんりき》」を欠いているためとされているのであろう。

ただし、薬王菩薩なども、娑婆世界において『法華経』の受持・弘通をすることは、結果として、釈尊によって許可されない。

言うまでもなく、娑婆世界における『法華経』の受持・弘通は、地涌の菩薩に課された責任であるからである。

このように、娑婆世界が穢土《えど》悪世であると捉《とら》えられ、その具体的な内容として、すでに見た宗教的に劣悪な衆生の存在や、勧持《かんじ》品の末尾に記される悪世の比丘の存在が説かれ、『法華経』の信仰者への迫害の実態が示されている。しかし、このような穢土悪世としての娑婆世界とまったく異なる娑婆世界の新しい捉え方が如来寿量《にょらいじゅりょう》品に示される。節を改めて考察する。

三　久遠の釈尊と地涌の菩薩の実践

久遠の釈尊は、娑婆世界で衆生を救済し続ける

従地涌出品《じゅうじゆじゅつぽん》の弥勒《みろく》菩薩の地涌の菩薩に関する質問を誘い水として、如来寿量品で、釈尊は自分が成仏したのは今世ではなく、五百塵点劫《じんでんごう》というはるか遠い過去においてであることを明かし、あわせて未来の寿命は、成仏してから現在（釈尊がこの説法をしている時）までの時間の二倍であると説く。つまり、釈尊の仏としての寿命の永遠性を説き示すのである。

如来寿量品のポイントは、第一に釈尊の寿命が永遠であること、第二に釈尊が涅槃《ねはん》に入るのは方便であること（「方便現涅槃」）、第三に信仰のある者は釈尊を見ることができるとすることである。第二のポイントである「方便現涅槃」の思想は、釈尊が涅槃に入っ

たと示すのは方便であり、真実には涅槃《ねはん》に入らないといわれる。

私はもと菩薩道を修行して、完成した寿命は、今もなお尽きず、また上の数（五百塵点劫の最初の成仏から『法華経』を説法するまでの時間）の二倍である。しかし今、真実の涅槃ではないけれども、すぐに『涅槃に入るであろう』と唱える。如来はこの方便によって衆生を教化する。

我本行菩薩道、所成寿命、今猶未尽、復倍上数。然今非実滅度、而便唱言、当取滅度。如来以是方便教化衆生。（大正九・四二下）

◇

衆生を救済するために、方便によって涅槃に入る姿を示すけれども、真実には涅槃に入らない。常にここ（霊鷲山《りょうじゅせん》）に住して法を説く。私は常にここに住し、神通力《じんずうりき》によって、ひっくり返った考えを持つ衆生に、身近にいても（私の姿を）見えないようにさせる。

◇

為度衆生故　方便現涅槃　而実不滅度　常住此説法　我常住於此　以諸神通力　令顛倒衆生　雖近而不見（大正九・四三中）

つまり、久遠《くおん》の釈尊は、「常住此説法《じょうじゅうしせっぽう》」であり、娑婆《しゃば》世界において衆生を救済し続ける。娑婆世界ではなく、他の浄土に住む仏たち（その代表は阿弥陀仏）が穢土《えど》である娑婆世界に、仏そのままの姿で出現することができないために、観音菩薩、地蔵菩薩などの諸菩薩が無仏《むぶつ》の世に、仏たちに代わって娑婆世界の衆生を救済する物語が大乗経典にさまざまに説かれる。

それに対して、久遠の釈尊は、真実には涅槃に入らずに、娑婆世界の衆生を残りなく救済することに従事するのであるから、久遠の釈尊は、娑婆世界のさまざまな菩薩の役割をも担うものとして、「永遠の菩薩道を歩む」と表現することが可能であると考える。『法華経』における菩薩道を考察する際、見逃《みのが》しやすい点であるが、久遠の釈尊が娑婆世界の衆生の救済の主体者であるという意味で、菩薩の一面を持っていることに気づく。(20)

不軽菩薩の娑婆世界での活躍

この娑婆世界の重視という考え方は、『法華経』の常不軽菩薩《じょうふきょうぼさつ》の物語にも示されているると解釈できる。常不軽菩薩は自分の出会うあらゆる比丘《びく》・比丘尼《びくに》・優婆塞《うばそく》・優婆夷《うばい》に向かって、彼らを礼拝《らいはい》し、ほめたたえて語りかける。

私は深くあなたたちを尊敬し、軽《かろ》んじ侮《あなど》ろうとはしない。なぜかといえば、あなたたちはみな菩薩道を修行して、成仏することができるであろうからである。◇

我深敬汝等、不敢軽慢。所以者何、汝等皆行菩薩道、当得作仏。（五〇下）

しかし、何の資格も権限《けんげん》もない常不軽菩薩の行なった授記に対して、周囲の多くのものが激怒《げきど》し、迫害を加えた。しかし、この菩薩は遠くに逃げながらも、またそこで大きな声で唱える。

我不敢軽於汝等。汝等皆当作仏。（五〇下―五一上）

◇

私はあなたたちを軽んじようとはしません。あなたたちはみな成仏するであろう。

このような実践を生涯にわたって続けた常不軽菩薩は臨終《りんじゅう》のときに、過去の威音王仏《いおんのうぶつ》が涅槃に入る前に説いた『法華経』の偈《げ》が空中から響きわたるのを聞くことができた。彼はそれらをすべて記憶し、すぐに六根《ろっこん》が清浄《せいじょう》となり、さらに自分の寿命を「二百万億那由他《なゆた》歳」（五一上）延長することができ、広く人々のために『法華経』を説いたとされる。このような物語が示されているが、なぜ常不軽菩薩の寿命の延長が話題とされているのであろうか。この寿命の延長の理由は、彼が聞いた『法華経』を人々に説くためであると、私は考える。これは菩薩の実践（この文脈では『法華経』を説くこと）のために、常不軽菩薩の生きる場を重視したものと解釈できると思う。この常不軽菩薩は釈尊の過去世の姿であるとされる。

地涌の菩薩の実践によって浄土が回復

さて、久遠の釈尊というまったく新しい釈尊像が示されたことと関連して、これまで穢土悪世として規定されてきた娑婆世界に対して、まったく新しい規定がなされる。つまり、この久遠の釈尊の住する霊鷲山は、次のように浄土として描写されている。

私のこの国土は安穏《あんのん》であり、神々は常に充《み》ち満《み》ちており、公園や堂閣《どうかく》はさまざまに宝石で飾られ、宝の樹木には花や果実が多く　衆生が遊び楽しむ場所である。神々は天鼓《てんく》を打ち鳴らし、常に多くの音楽を演奏し、曼陀羅花《まんだらけ》を降らして、仏や大衆のうえに散らせる。私の浄土は壊《こわ》れないのである。

◇

我此土安隠　天人常充満　園林諸堂閣　種種宝荘厳　宝樹多花果　衆生所遊楽　諸天撃天鼓　常作衆伎楽　雨曼陀羅花　散仏及大衆　我浄土不毀（四三下）

この浄土《じょうど》の描写は、娑婆世界が穢土《えど》悪世と言われることと対立的なものである。この浄土の存在は、久遠の釈尊の衆生救済の永遠の活動を根拠として成立していると、私は考える。

この浄土は、如来寿量品においては、実現すべき目標としてではなく、存在する浄土として描かれている。存在する浄土《じょうど》といっても、久遠の釈尊にとって存在する浄土であって、苦悩に沈む凡夫にとって現実に存在しているわけではないので、ある人は、『法華経』の指示する修行として、瞑想《めいそう》のなかで娑婆世界を浄土として観想《かんそう》する修行を提示するかもしれない。

先に「この浄土の存在は、久遠の釈尊の衆生救済の永遠の活動を根拠として成立していると、私は考える」と述べたが、釈尊滅後においては、久遠の釈尊の正統な継承者《けいしょう》である地涌の菩薩の菩薩道の実践によって、この浄土は支えられ維持されるものである。これを、凡夫の立場から見れば、地涌の菩薩の菩薩道の実践によって、久遠の釈尊にとっての浄土が、凡夫にとっても共有できる浄土となることを意味すると考えられる。さらに、これを地涌の菩薩の立場から見れば、地涌の菩薩は穢土悪世である娑婆世界を浄土に変革することを目指す菩薩であると捉《とら》えることができるであろう。

これを要するに、久遠の釈尊の存在と地涌の菩薩の実践とが協働し合って、久遠の釈尊にとっては本来の浄土の回復、地涌の菩薩と凡夫にとっては浄土の実現という目標が提示されていると理解したい。これは一種の『法華経』の発展的な解釈かもしれないが、古典はこのような創造的な解釈によって長い生命を保ってきたとも言える。

浄土の本来の意味は、仏が菩薩であるときに立てた誓願《せいがん》が成就して実現した国土である。宗教的に劣悪《れつあく》な衆生が充満し、地涌の菩薩を迫害する者が多く住む娑婆世界がそのまま浄土であるはずはなく、地涌の菩薩の実践（『法華経』の思想を弘めること）によって、衆生が遊楽《ゆうらく》する世界＝浄土を実現することが目指されていると考えることは許されるであろう。

地涌の菩薩の実践を重視する立場からは、如来寿量品の浄土について、存在する浄土、観想の浄土ではなく、実現すべき目標としての浄土という解釈を採用したい。

「地涌の菩薩」は悪世の衆生を救うために願って生まれる

ただ、我々は浄土というと、百パーセント理想の国土を考えがちであるが、阿弥陀の極楽浄土の一つの特色として地獄・餓鬼《がき》・畜生の三悪道の衆生がいないことが指摘されている(21)ことからわかるように、浄土といっても、仏・菩薩ばかりが住む世界ではなく、三悪道の衆生を除く、仏道修行に励むさまざまな衆生が存在する世界である。

ひるがえって、我々の住む世界はどうであろうか。いまだに戦乱や飢餓《きが》などによって、一部の地域は文字通り三悪道の苦しみに喘《あえ》いでいるし、物質的に豊かな先進国であっても、さまざまな暴力、差別、いじめ、ハラスメントなどによって、一部の人々には三悪道の苦しみが現出していることはだれもが認める事実であろう。

このような世界が浄土であろうはずはない。したがって、地涌《じゆ》の菩薩が娑婆世界を浄土化するといっても、百パーセント理想の国土を実現することを必ずしも意味しない。現実的には、最低限の目標として、三悪道の苦しみから解放された社会を目指すことが実践的に重要である。

しばしば政治・経済的な文脈で「人間らしい生活」が目標とされるが、その目標は人間にとってきわめて自然であり、その意味でたいへん控《ひか》えめな目標にすぎないとも言えるが、それにもかかわらず、実際には実現困難な課題でもあることは、誰にも明らかであろう。

したがって、菩薩の目指す浄土の実現は難しいことは難しいが、特殊な宗教の特殊な目標、絵空事《えそらごと》ではまったくなく、多くの人々が共有できる目標ではないだろうか。

後世、この現実の娑婆世界という穢土がそのまま寂光浄土《じゃっこうじょうど》であるという「娑婆即寂光」「穢土即浄土」という考えも生まれたが、(22)これが単なる人生の辛酸《しんさん》から遊離した貴族の単なる哲学的観照に終わっては、単なる絵空事にすぎないであろう。

もちろん、歴史的に、そのような観想的《かんそうてき》な浄土の捉《とら》え方があったであろうし、またそれに一定の役割があったことを認めたとしても、私は、如来寿量品《にょらいじゅりょう》の浄土は、地涌の菩薩の実現すべき浄土と捉《とら》えたい。言い換えれば、地涌の菩薩は願って穢土悪世の娑婆世界に生まれてきて、娑婆世界の浄土化を目指す存在であると捉えたい。

四　この現実世界は、幸せを満喫する場所

釈尊滅後の『法華経』の担《にな》い手である地涌《じゆ》の菩薩《ぼさつ》は、願生《がんしょう》の菩薩として描かれていることを見てきた。また、この「願」をめぐって、「宿業《しゅくごう》の自覚」から「本願《ほんがん》の自覚」への自覚の深化、「救われる者」から「救う者」への転換について考察し、最後に、娑婆《しゃば》世界の教主である久遠の釈尊の存在と、その正統な後継者である地涌の菩薩の実践によって、穢土《えど》悪世である娑婆世界から逃避《とうひ》することなく、この現実世界である娑婆世界を浄土化する思想を読み取った。

大乗仏教においては、輪廻《りんね》（生死）と解脱《げだつ》（涅槃《ねはん》）の二元的対立が超克され、我々が生きるこの現実世界を重視する考えが生まれた。この考えが、仏教を世界宗教に発展させ、これまでの歴史において新しい文化創造の理念を提供してきた背景となったものと思われる。

この現実の世界は、本来、人間が幸せを満喫《まんきつ》する場所であるという『法華経』のメッセージは、我々を勇気づけてくれるし、そのような世界、社会の建設に強く方向づける力を持っていると言えよう。私自身は、この苦しみ多い現実の世界を衆生の遊楽することのできる世界に変えてゆく生き方を、『法華経』から学びたい。

五　天台智顗と日蓮の『法華経』の思想

天台の一念三千の思想

『法華経』の思想的発展を担《にな》った中国の天台智顗《ちぎ》と日本の日蓮について一言する。

中国に仏教が伝来して五百年ほど経過した六世紀に、『法華経』を所依《しょえ》の経典とする天台宗を開創した智顗は、『摩訶止観《まかしかん》』のなかで、『法華経』に基づいて一念三千説を示した。この思想は、地獄界から仏界までのあらゆる世界が自己の一瞬の心、生命に収まることを説き、我々の無限の可能性、とくに成仏の可能性を説いたものである。

これはとりもなおさず『法華経』の一仏乗思想、一切皆成《かいじょう》思想の理論的根拠を示したものである。この一念三千の思想は、主体者の精神的・生命的境界と、その環境世界とが価値的に一体不二の関係であることを説いている。たとえば、地獄の衆生は地獄界に住み、仏は仏国土＝浄土《じょうど》に住むとされる。

このような関係は通常は静止的なものと捉《とら》えられがちではあるが、筆者は発展的な解釈として、主体と環境が相互に影響し合い作用し合うという関係を見て取る必要があると思う。

釈尊は、苦の原因として個人に内在する煩悩《ぼんのう》を取り出したが、その側面の指摘だけでは、ともすると社会や環境に関心を払わない精神主義、主観的唯心論《ゆいしんろん》に陥《おちい》る危険性がある。仏教が長い間そのように見なされてきたことも歴史的事実である。

しかし、社会、文化、環境を煩悩が具象化《ぐしょうか》、現実化したものと捉えることによって、煩悩との対決を中心とする仏道修行が、単に個人の内部の煩悩との戦いだけではなく、社会のさまざまな問題、たとえば戦争、各種の暴力、経済格差、さまざまな分野の差別、人権侵害、環境汚染、生命軽視などの諸問題とかかわっていく可能性が開かれよう。

つまり、これらの問題との取り組みは、外的煩悩（客体の世界に外在化した煩悩の意）との対決という意味で、仏道修行としての意義を獲得《かくとく》することができると考える。したがって、仏教者の立場から言えば、上記の問題に取り組むことが、とりもなおさず自己の成仏を目指す修行のなかに組み込まれるのである。

為政者に社会の安定を訴えた日蓮

日本の『法華経』思想は、主に日本の天台宗を開創した最澄《さいちょう》（七六二〜八二二）と日蓮（一二二二〜一二八二）に担《にな》われたが、社会に対する積極的な関心は、日蓮に比較的顕著に見られる。日蓮は、死後の救済よりも、生きた人間が現世で幸福を享受《きょうじゅ》することを重視し、そのために『立正安国論』を執筆し、為政者に積極的に社会の安定を訴えた。このような日蓮の社会重視の傾向は、仏教史においてはきわめて稀《まれ》なことであった。

現在、『法華経』、日蓮仏法と関連を有する法華系新宗教の勢力は、日本の宗教界において大きな勢力を持っているが、現世での幸福を願い、その障害となる社会のさまざまな問題に積極的に取り組んでいく態度が大勢の人々の共感を得たのであろう。

法華系新宗教の現実社会の重視という点は、中国の太虚《たいこ》（一八九〇～一九四七）や印順《いんじゅん》（一九〇六～二〇〇五）らが提唱した「人間仏教《じんかん》」や、ベトナムのティク・ナット・ハン（一九二六～）が提唱したエンゲージド・ブディズム（Engaged Buddhism 社会参加仏教）の理念とも共通性を持っていると言えよう。

仏教は現代の危機的状況に対応して、自己の精神の修養の面だけに関心を向けるのではなく、広く社会に対しても貢献できる道を模索すべきであると考える。

【第四章】　宗教的寛容について

本章は、排他《はいた》主義・包括《ほうかつ》主義・多元《たげん》主義という諸宗教間の関係論の枠組《わくぐ》みを利用しながら、宗教的寛容《かんよう》の問題をめぐって、『法華経』の基本的立場をどのように認識すればよいのかを考察することを目的としている。[23] これは、宗教的寛容の問題に関する『法華経』信仰者の自己理解を深める働きを持つとともに、『法華経』の信仰者ではない多数の人々の『法華経』に対する理解を促進《そくしん》する働きを持つであろう。

まず、第一節において、仏教の原点であるゴータマ・ブッダが当時のさまざまな形而《けいじ》上学《じょうがく》説に関してどのような態度を取ったかを考察し、ブッダの真理観の特徴を究明したい。私は『法華経』の真理観は、基本的にブッダのそれを継承《けいしょう》していると考えている。そこで、第二節においては、まず、はじめにブッダの真理観を継承する『法華経』の「サッダルマ」(saddharma)の意味について考察し、次に、『法華経』の思想的特徴を「統合」をキーワードとして分析し、『法華経』が『法華経』以前の仏教をどのように捉《とら》えているかを考察する。

第三節においては、前の考察を踏まえて、『法華経』が解釈によっては排他主義、多元主義の立場をも取りうるが、基本的には包括主義の立場を取っていることに論及する。

結論では、包括主義と宗教間対話について、若干の提案をしたい。

一　ブッダの説いた「法」は誰もが体験可能なもの

ゴータマ・ブッダの時代は、さまざまな形而上学説《けいじじょうがく》が激しく対立する状況であったらしい。

原始経典には、ブッダはしばしば、自己の哲学的見解が絶対的真理であることを主張したり、他者の見解が虚偽《きょぎ》であると非難したりして、互いに論争する学者は偏見《へんけん》があると指摘していることや、ブッダ自身はもろもろの論争を超越し、一切の妄想《もうそう》を超越し偏見を離れていることが記されている[24]。

このようなブッダの立場を明らかにするために「無記《むき》と毒矢のたとえ」「群盲撫象《ぐんもうぶぞう》のたとえ」を取り上げ、さらにそれらのたとえに示されるブッダ以外の哲学者・宗教家の真理観と相違する「ブッダの真理観」を明らかにしたい。

（1）無記と毒矢のたとえ

先にも述べたように、彼の時代には、形而上学的な議論が盛んであり、解決のつかない不毛な議論が繰り返されていた。これに対して、ブッダは、有名な毒矢のたとえを説いた。「世界が時間的に有限か無限か、空間的に有限か無限か、身体と霊魂《れいこん》は同一のものか別異のものか、如来は死後存続するか滅するか」などという質問を浴びせかけ、これらの問いに答えなければ、ブッダの弟子にはならないという者に対して、そのような態度はあたかも毒矢に射《い》られた者が、犯人の特徴や凶器《きょうき》の材質など事細かな情報を得られないうちは毒矢を抜き取ってはいけないといって治療を拒絶するような愚かな態度であると訓戒《くんかい》したのである。

これを是《ぜ》とも非《ひ》とも答えないという意味で、無記という。「無記」とは、ブッダがさまざまな形而上学説に対して、沈黙を守り、答えなかったことを指す。

ブッダが形而上学的な問いに対して説かなかった理由については、「このことは目的にかなわず、清らかな修行の基礎とならず、世俗的なものを厭《いと》い離れること、欲情から離れること、煩悩《ぼんのう》を制し滅すること、心の平安、すぐれた英知、正しい覚《さと》り、安らぎ（ニルヴァーナ）のためにならないからである」（*Majjhima-Nikāya*, I, p. 431：中村元『原始仏教の思想Ⅰ』［春秋社、一九九三年］二一二頁を参照）と示されている。

ブッダは、このように形而上学的な問いに対して沈黙《ちんもく》するとともに、これと対照的に四諦《したい》の教えを決然として説いたのである。(25) 四諦を説く理由は、これとはまったく逆となる。この形而上学説と四諦説との対照において、仏教の目指すべき実践的な目標がはっきりと示されている。この仏教の実践的性格については、後に論じよう（本書一五四〜五頁参照）。

おそらく、ブッダによれば、形而上学的な問いは人間の認識能力を越えた問題なので、これに正しく答えることは本来不可能である。それにもかかわらず、これらの問いに答えることができるとして、特定の説を絶対化する者がいたとしたら、その者は人間の分際を越えた越権行為を犯しており、それによって必然的に心が汚れ、執著の状態に陥《おちい》ってしまうと捉《とら》えられたのであろう。

このような解釈に対して、「これらの問いに答えることは初心者にとっては無益であるのでブッダは答えないが、彼自身はこれらの答えを知っている」と他の解釈をする者もいるかもしれない。

しかし、この解釈には無理があると私は思う。なぜならば、ブッダは自分の覚知した真理は、すべて弟子たちに開示したと宣言しているからである。たとえば、「わたくしは内外の隔《へだ》てなしに（ことごとく）理法を説いた。完《まった》き人の教えには、何ものかを弟子に隠すような教師の握拳《にぎりこぶし》は、存在しない」（*Mahāparinibbāna-suttanta, Dīgha-Nikāya*. II. p. 100：中村元訳『ブッダ最後の旅』六二頁、岩波書店、一九八〇年）とある。

しかし、上記の形而上学的問いには、彼は一生涯答えなかったのである。

（2） 群盲撫象のたとえ

次に、第二の「群盲撫象《ぐんもうぶぞう》のたとえ」について取り上げよう。

王が自分の気晴らしに、生まれつき目の不自由な人を多数集め、彼らに象の一部を触《さわ》らせて、象とはどのようなものかを尋《たず》ねる。象の頭に触《ふ》れた者は、「象は瓶《かめ》のようなものだ」と答える。耳に触れた者は「箕《みの》」、体に触れた者は「穀倉《こくそう》」、脚《あし》に触れた者は「柱」、背に触れた者は「臼《うす》」、尾に触れた者は「杵《きね》」などと、それぞれ答える。彼らはめいめい自分の見解を絶対化し、他者の見解を否定して、最後には殴《なぐ》り合いの喧嘩《けんか》をしてしまう。(26)

この場合、ブッダ以外の哲学者・宗教家は、象の一部に触れ、触れた部分に関しては正しい見解を持っているが、それを象の全体と誤解し、自己の見解を絶対化した目の不自由な人にたとえられている。言い換えれば、象についての真理の一部分を認識しているが、真理の全体は認識していないと言える。

　これは上記の形而上学的な問いに対して、多くの哲学者・宗教家がそれぞれ断定的に答え、自己の見解を絶対化し、他者の見解を否定し、不毛《ふもう》な論争を続ける状況を、上述のようにたとえたものである。

　ここで、問題となるのは、ブッダの立場はどのようなものかということである。ブッダは目の不自由な人ではなく、象の全体を見ている「王」にたとえられるのであろうか。いったい真理の全体を見る立場が可能なのであろうか。ゴータマ・ブッダは形而上学的な問いに対して答えなかったのであるから、目の不自由な人の「真理の部分」観（真理の部分を観察すること）に相対する意味での「真理の全体」観（真理の全体を観察すること）は不可能であったであろう[27]。

　部分を部分と認定するためには、何らかの意味で部分を越える視点を持たなければならない。しかし、そのことは必ずしも全体を認識していなければ、部分を部分と認定できないというものではないと考える。哲学者たちが互いに論争に明け暮れ、結論に決して到達しないことが、彼らの議論が相対性を免れていないことを意味していると、ブッダは洞察《どうさつ》していたからである。

たとえば、『スッタニパータ』第八八〇偈《げ》には、「もしも論敵の教えを承認しない人が愚者であって、低級な者であり、智慧《ちえ》の劣った者であるならば、これらの人々はすべて［各自の］偏見《へんけん》を固執《こしゅう》しているのであるから、かれらはすべて愚者であり、ごく智慧の劣った者であるということになる」（*Sutta-nipāta* 884; 中村元『原始仏教の思想Ⅰ』、前掲同書、一七九頁）と説かれている。

後に紹介するように、「真理を観《み》る」という表現があっても、ゴータマ・ブッダの観る真理は、部分と全体という対立図式のなかでの「全体」ではないと言えよう。

ゴータマ・ブッダ以外の哲学者が真理の部分を観ているにすぎないという批評は、『ウダーナ』に、「実にもある修行者・バラモンたちは、これら［の見解］に執著している。ただ一部分のみを見る人々（ekāṅgadassino）がこれを論じてたがいに争うのである」（*Udāna*. VI, 4, p. 69 : 中村元『原始仏教の思想Ⅰ』、前掲同書、二五〇頁）とある。また、真理の唯一性の強調と、それを覚知する者は論争を超越していることについては、『スッタニパータ』第八八四偈に、「真理はひとつであって、第二のものは存在しない。その［真理］を知った人は、争うことがない。かれらはめいめい異なった真理をほめたたえている。それゆえにもろもろの〈道の人〉は同一の事を語らないのである」（*Sutta-nipāta* 884：中村元『原始仏教の思想I』、前掲同書、一七九〜一八〇頁）とある。

　これについては、ゴータマ・ブッダが真理の全体を覚知していると解釈することも不可能ではない。しかし、私は哲学者たちの真理とは異なった次元・性質の真理（つまり、その認識が苦しみの消滅などの仏教の実践的目標の達成に直結するような真理）をブッダは取り上げていると考える。

　また、私が否定的な「真理の全体と部分という対比」に有利な表現が、『テーラガーター』第一〇六偈に、「百の指標があり、百の特相を持つ（最高の）道理について、唯一の支分（指標ないし特相）を見る者は愚者であり、百の支分を見る者は賢者である」（*Theragāthā* 106：早島鏡正訳『仏弟子の詩』四〇頁、世界聖典刊行協会、一九九四年）と出るが、他の哲学者とゴータマ・ブッダの対比を、このように数量化して表現することは、ブッダの優越性を表現する譬《ひ》喩《ゆ》であり、それ以上の意味（愚者に比較して、賢者である仏陀は真理の全体を文字通り知っていると解釈すること）を持っているとは思われない。

(3) ブッダの真理観

では、第三の「ブッダの真理観」を取り上げよう。ゴータマ・ブッダは、法（パーリ語でダンマ dhamma、サンスクリット語でダルマ dharma）を悟って仏となった。この法の認識と全体的真理の認識との相違は何であろうか。これについては、パーリの『涅槃経』に、「尊師《そんし》がみごとに説かれた法（dhammo）は、現にありありと見られるものであり（sandiṭṭhiko）、直ちにききめのあるものであり（akāliko）、実際に確かめられるものであり（ehi-passiko）、理想の境地にみちびくものであり（opanayiko）、諸々の知者が各自みずから証するものである（paccattaṃ veditabbo viññūhi）」（*Mahāparinibbāna-suttanta*, *Dīgha-Nikāya*, II, p. 93：中村元訳『ブッダ最後の旅』［前掲同書］五〇頁を参照。参考のために、中村元氏の翻訳文のなかに、対応するパーリ語を挿入した）とあり、仏教の真理（法）が、現実的であり、誰にも体験可能なものであることが示されている。

「実際に確かめられるものであり（ehi-passiko）」は、文字通りには、「来たれ、見よ」という意味で、誰でもがやって来て、実際に見ることのできる真理という点で、仏教の真理観をよく示していると言える。

ブッダの「法」は部分的真理と相対する全体的真理ではなく、また形而上学的《けいじじょうがく》なものでなく、きわめて現実的なものであり、体験可能なものである。

また、同じくパーリの『涅槃経』において、「自己に帰依すること」と「法に帰依《きえ》すること」とが並列してあげられている（*Mahāparinibbāna-suttanta, Dīgha-Nikāya*, II, p. 100：中村元訳『ブッダ最後の旅』〔前掲同書〕六三頁を参照）理由は、「法」が自己に浸透し、自己において実現されてくる事態を踏まえていると考えられる。

つまり、「自己に帰依すること」とは、「法」が自己において現成《げんじょう》する、そのような自己に帰依することにほかならないので、「自己に帰依すること」と「法に帰依すること」

とが対立せず、むしろ自己と法との密接な関係を示したものなのである。

これを要するに、ゴータマ・ブッダは、当時の形而上学的な議論に参加せず、「法」を認識・実現する立場に立った。この「法」の認識・実現は、真理の全体を認識するといったものではなく、煩悩《ぼんのう》を滅し、心の安らぎを実現するという、人間にとっての現実的な利益をもたらすものであった。

これは後に述べる『法華経』の「法」の意味の主体的な面と共通していると言えよう。

二　『法華経』における「法」と諸仏・諸教の統一

ゴータマ・ブッダが創唱し、それ以後、さまざまな展開を遂げてきた仏教界の状況に対して、何らかの批判と新たな思想の創造に基づいて、『法華経』は成立したはずである。では、『法華経』は、『法華経』以前の仏教をどのように捉《とら》えたのであろうか。(28)私は、『法華経』は諸仏の空間的統合、時間的統合を図って、釈尊一仏に帰着させ、また釈尊の多様な教えを一仏乗に統合することを明確に目標としていたと考える。

これこそ、『法華経』の新しいブッダ観と教法観であった。そして、この新しいブッダ観と教法観を支える根拠を、ゴータマ・ブッダの真理観を基本的に継承した『法華経』の「サッダルマ」(saddharma) に求めることができる。

本節では、第一に、『法華経』における「サッダルマ」について考察し、第二に、「統合」をキーワードとして、『法華経』の思想的特色を考察する。

（1）『法華経』における法（サッダルマ〈saddharma〉）の二つの側面

ゴータマ・ブッダの根本の悟りについて、原始経典には、「法」を悟り、「法」を尊敬することを明らかにしている。このダルマに「正しい」という意味の形容語を付けたものが「サッダルマ」である。『法華経』（*Saddharmapuṇḍarīka-sūtra*）は、ゴータマ・ブッダの悟りの原点である「サッダルマ」をそのまま経典のタイトルの一部として採用している。この「サッダルマ」を、竺法護《じくほうご》は「正法」、鳩摩羅什《くまらじゅう》は「妙法」とそれぞれ訳した。

『法華経』においては、真理としての「法」という、法の客体的な面と、その法を我が身に智慧や慈悲などの仏の境涯を構成する諸特性として実現するという、法の主体的な面の二面が示されている。

永遠・普遍の法＝法の客体的な面

法は、普遍性を持ち、永遠性を持っているとされる。これは、原始経典において、法の永遠性がしばしば指摘されていることと同じである。たとえば、釈尊が悟りを開いたばかりのとき、釈尊は心のなかで、「他人を尊敬することなく、長上《ちょうじょう》に柔順でなく暮らすことは、やり切れないことである」と考えた。

しかし、「わたしよりも以上に〈われは解脱《げだつ》したと確かめる自覚〉を達成している人なるものを見ない」ために、「むしろ、わたしは、わたしがさとったこの理法を尊び、敬い、たよって暮らしたらどうだろう」（*Saṃyutta-Nikāya*, I. pp. 139-140：中村元訳『ブッダ 悪魔との対話』八七―八九頁、岩波書店、一九八六年）との結論を下した。釈尊のこの結論に対して、梵天《ぼんてん》も支持を表明し、三世の諸仏はすべてサッダルマ（saddharma）を尊敬することを指摘したとされる。

実は、『法華経』のなかには、現在の釈尊ばかりでなく、過去仏の日月灯明仏《にちがつとうみょうぶつ》、大通智勝仏《だいつうちしょうぶつ》、威音王仏《いおんのうぶつ》などが「法華経」を説いたことが出ている。具体的には、日月灯明如来は六十小劫《しょうこう》の間、その弟子の妙光《みょうこう》は八十小劫の間「法華経」を説き（偈《げ》の数は記していない）、大通智勝仏は八千劫の間、恒河沙《ごうがしゃ》（ガンジス河の砂の数ほど多い数）の偈を説き、その弟子の十六人の沙弥《しゃみ》は八万四千劫の間「法華経」を説き、威音王仏は二十千万億の偈を説いた（時間の長さは記していない）とされる。

このように、「法華経」を説く時間の長さや分量についても想像を絶する巨大な数字が出ている。仏が自由自在に「法華経」の内容を敷衍《ふえん》して説くことができることを示していると考えられる。

では、諸仏に共通に説かれる「法華経」とはそもそも何であろうか。仏は「サッダルマ」を悟って、はじめて仏となることができるのであり、その「サッダルマ」を詳しく説いた経典が、ほかならぬ「法華経」と規定されていると考えられる。[29] 少なくとも『法華経』の編纂《へんさん》者はそのように考えたので、経典のタイトルの一部に「サッダルマ」を取り入れたはずである。

したがって、過去、現在、未来にわたるあらゆる仏が自分の悟った「サッダルマ」を究極的な教えとして共通に説くのであり、その説法の内容がとりもなおさず「法華経」

と表現されることになる。ここには、『法華経』の普遍性と永遠性が象徴的に示されていると言えよう。

すべての衆生が成仏・実現できる法＝法の主体的な面

次に、客体的な法の普遍性と並んで、法を我が身に主体化・実現化することが誰にでも可能であるという普遍性もある。このことは、『法華経』においては、すべての衆生が平等に成仏できるという「一仏乗《いちぶつじょう》の思想」として説かれている。

この一仏乗の立場から、『法華経』はただ菩薩だけを教化すると言われる。たとえば、『法華経』方便品に、「諸仏如来《にょらい》は但《た》だ菩薩を教化す。」（大正九・七上）とある。つまり、すべての衆生は成仏できる存在として、「菩薩」と規定されるのである。

そこで、一仏乗の思想を実践化した常不軽《じょうふきょう》菩薩は、すべての人々を、菩薩道を修行して、未来に成仏する尊い存在として尊敬する実践を貫くのである。この常不軽菩薩の行為は、人間を最も尊厳視した思想を表現したものである。

つまり、「サッダルマ」の普遍性は、人間主体の側から言えば、自分が成仏できるという「自己の尊厳」に結びついているのである。

では、『法華経』のなかで、この「サッダルマ」はどのように捉《とら》えられているのであろうか。方便品の冒頭《ぼうとう》（鳩摩羅什《くまらじゅう》訳の漢文と現代語訳を示す）には次のようにある。


仏たちの智慧はとても深遠《しんえん》で計量することができず、その智慧（に入る教え）の門は理解することが難しく入ることが難しい。すべての声聞や縁覚の知ることのできないものである。その理由は何か。仏は百千万億という数えることのできない多くの仏たちに近づき、仏たちの計量することのできない多くの仏道を残りなく修行し、勇ましく強く、熱心に努力して、名声がくまなく広がり、とても深遠で、これまでにないすばらしい法を完成し、相手の都合に合わせて［随宜］説く教えの趣旨《しゅし》は理解することが難しいからである。……

舎利弗よ。如来は智慧が広く大きく深く遠く、(四種の)無量(心)・(四種の)無礙《むげ》(弁)・(十種の)力《りき》・(四種の)無所畏《むしょい》・(色界の四種の)禅定・(八種の)解脱・(三種の)三昧(の境地)に際限のないほど深く入って、すべてのこれまでにないすばらしい法を完成している。

舎利弗よ。如来は多くの法をさまざまに区別して巧《たく》みに説き、言葉はものやわらかで、人々の心を喜ばせる。舎利弗よ。要点を取りあげて言うと、計量することもできず、限界もない多くのこれまでにないすばらしい法について、仏はすべて完成した。(これ以上語ることを)止めよう。

舎利弗よ。もはや説く必要がない。その理由は何か。仏の完成したものは、最高で、稀有《けう》で、理解することが難しい法であり、ただ仏と仏とだけがはじめて(仏の完成した)多くの法の真実の様相を認識することができるからである。

◇

諸仏智慧甚深無量。其智慧門難解難入。一切声聞・辟支佛所不能知。所以者何、仏曽親近百千万億無数諸仏、尽行諸仏無量道法、勇猛精進、名称普聞、成就甚深未曽有法、随宜所説意趣難解。……舎利弗。如来知見、広大深遠、無量・無礙・力・無所畏・禅定・解脱・三昧、深入無際、成就一切未曽有法。舎利弗。如来能種種分別、巧説諸法、言辞柔軟、悦可衆心。舎利弗。取要言之、無量無辺未曽有法、仏悉成就。止、舎利弗。不須復説。所以者何、仏所成就第一希有難解之法。唯仏与仏、乃能究尽諸法実相。（大正九・五中—五下）

これによれば、無数の仏のもとでの長い間の修行によって身につけ知った仏の特性を「諸法」（dharma の複数形）と言い換え、その具体的な内容として、四無量心・四無礙弁《むげべん》・十力・四無所畏《むしょい》・四禅《ぜん》・八解脱《げだつ》・三三昧《ざんまい》などを取り上げている。具体的にどのような力なのか、簡単に触れておこう。

「十力」「四無所畏」については第二章（八一〜三頁）を参照されたい。

「四無量心」(四つの広大な心のこと)とは、次の四つの心を無限に生じることである。

慈(友愛の心)

悲(他人への同情の心)

喜(他人の幸福を喜ぶこと)

捨(執著を捨てること)

「四無礙弁《むげべん》」(四種の障害のない理解・表現の能力。四無礙智、四無礙解ともいう)とは、

法無礙(教えについて障害なく知ること)

義無礙(教えの内容について障害なく知ること)

辞無礙(あらゆる場所の言葉に通じること)

楽説《ぎょうぜつ》無礙(上の三種の能力を持って衆生のために自在に説法すること)

である。

「四禅」とは、色界における四つの段階の禅定で、初禅・二禅・三禅・四禅である。
「八解脱」とは、八種の禅定（初禅・第二禅・第四禅・四無色定・滅尽定）によって、煩悩を捨てて束縛から解放されることである。

「三三昧《ざんまい》」（三種の三昧）とは、
空三昧（すべての存在は固定的実体を持たないことを観察すること）
無相三昧（すべての存在は固定的な特徴を持たないことを観察すること）
無願三昧（何ものも願い求めるものはないと観察すること）
である。

これらはいずれも仏の能力、智慧やさまざまな禅定の境地を分類したものと捉《とら》えられる。つまり、「法」は単に抽象的、客体的な真理ではなく、仏が修行によって我が身に体得実現するものであり、上記のような具体的な徳目として説明される仏の智慧、境地なのである。

(2) 統合をキーワードとする、『法華経』の思想的特徴

三変土田の原理——諸仏の空間的統合

まず、第一に諸仏の空間的統合について考察したい。これは、見宝塔品《けんほうとうほん》の「三変土田《さんぺんどでん》」(三たび土田を変ず)(30)に基づく。簡潔に説明すると、大楽説菩薩《だいぎょうせつ》が大地から涌出した多宝塔のなかの多宝如来を拝見したいというので、釈尊は、そのためには釈尊の分身仏《ふんじんぶつ》を十方世界から集合させるという多宝如来の立てた誓願《せいがん》を満たさなければならないと答える。

分身仏とは、仏が神通力によって作り出した仏身の意で、『法華経』の場合は、釈尊の身体から化作《けさ》(神通力《じんずうりき》によって作り出すこと)された仏で、十方世界に派遣《はけん》され、それぞれの世界で説法しているとされる。そこで、釈尊は分身仏を集合させるために、「三変

土田」と言われるように、三回にわたって穢土《えど》である娑婆《しゃば》世界を中心とする広大な領域を浄化《じょうか》する。

具体的に説明すれば、釈尊が眉間白毫相《みけんびゃくごうそう》から光を放つと、東方の五百万億那由他恒《なゆたごう》河沙《がしゃ》という膨大な数の国土の仏たちが見えた。そこはすばらしく荘厳《しょうごん》された浄土《じょうど》で、仏たちはそれぞれ説法し、多くの菩薩たちも衆生のために説法している。

東方以外の九方（西・南・北・四維《しい》・上・下）の国土も同様であった。分身仏たちはそれぞれの国土の菩薩たちに「私は今、娑婆世界の釈尊のもとに行き、多宝如来の宝塔を供養しよう」と言った。そのとき、娑婆世界もすばらしい浄土となり、『法華経』の会座《えざ》に集ったものを除いて、その他の神々・人々を他土に移し変えた。これが第一の国土の浄化である。

そのとき、分身仏たちはそれぞれ一人の菩薩を侍者として引き連れて娑婆世界にやって来て、五百由旬《ゆじゅん》（約五千キロメートル）という高い宝樹《ほうじゅ》のもとにある五由旬（約五十キロメートル）の高さの師子座《ししざ》（仏の座席）の上に結跏趺坐《けっかふざ》した。このように膨大な数の分身仏を集合させるために、三千大千世界（十の九乗の世界。十億の世界）に師子座を用意したが、十方の中の一方の分身仏の用にも不十分であった。そこで、釈尊は改めて四方・四維の八方において二百万億那由他の国土を浄土に変えた。それらは一仏国土のようにひと続きとなった。これが第二の国土の浄化である。

さらに、釈尊は八方において二百万億那由他の国土を浄土に変え、それらは一仏国土のようにひと続きとなった。これが第三の国土の浄化である。このようにして浄化された八方の四百万億那由他の国土に、十方の分身仏たちが充満したのである。

説明が少し長くなったが、このようなドラマを展開して、『法華経』は何を言いたかったのであろうか。大乗仏教においては、娑婆世界の釈尊のほかに、たとえば西方の極楽《ごくらく》世界には阿弥陀《あみだ》如来が存在し、東方の浄瑠璃《じょうるり》世界には薬師《やくし》如来が存在するというように、同時に多くの仏が存在することを認める。『法華経』以前の大乗仏教においても、新しい仏が次々に生み出され、それらに対する信仰が説かれていたのである。

『法華経』も十方世界に多くの仏が存在することを認め、それを仏教的世界観として踏まえているけれども、『法華経』にはまた別の考えがあった。それは散漫《さんまん》といえるほど全宇宙に散在する無数の仏を統合する強力な仏を新たに確立することであった。『法華経』はこの無数の仏を統合する役割を、娑婆世界の釈尊に担《にな》わせようとした。上に述べたように、釈尊の分身仏が十方世界から集合させられたことは、見方を変えれば、十方世界のおびただしい数の諸仏はすべて釈尊の身体から化作《けさ》された分身仏であると解釈できるということである。これは十方の諸仏を釈尊に統合すること、諸仏の空間的統合と言ってよいであろう。

見宝塔品《けんほうとうほん》のストーリーは、諸仏の空間的統合という重要な思想のドラマ的表現であったと言えるのではないか。

寿量品の久遠の成仏——諸仏の時間的統合

次に、第二の諸仏の時間的統合について考察する。『法華経』如来寿量品《にょらいじゅりょう》は、釈尊の久遠《くおん》の成仏を説く（釈尊がはるかな過去に成仏したと説く）。また、釈尊の未来の寿命の長遠《じょうおん》を説く。

このように過去、未来に関して永遠とも言えるほど長い寿命を持つ釈尊は、原始仏教以来説かれてきた過去仏、未来仏を、釈尊自身に統合する役割を担っている。

寿量品によれば、釈尊は久遠の昔に成仏してからはるかな未来まで、衆生を救済するために、仏としてさまざまな活動を展開することが説かれている。これはとりもなおさず釈尊が過去仏、未来仏の役割を果たすことを意味する。このように考えれば、久遠の釈尊の思想は、諸仏の時間的統合を示したものと捉《とら》えることができよう。

このように、『法華経』は諸仏の空間的統合・時間的統合を図ろうとしていることに気がつくと、方便品の一仏乗の思想は、釈尊の一生涯に説いてきた教えを一仏乗の教えに統合することに改めて気づかされる。これが第三の諸教の統合と言えるであろう。

このように考えてくると、結論として言えることは、『法華経』は諸仏と諸教を統合するという明確な特色を持った経典なのである。

三 『法華経』の包括主義

包括主義とは

『法華経』を中心として、さまざまな展開を遂げた仏教を統合することは、仏教内部における包括主義《ほうかつしゅぎ》の表われと言えよう。

『法華経』方便品には、少年が遊びで砂の仏塔を造ったり、仏像を描いたり、一声「南無仏」と唱えることなどの例をたくさん取り上げ、どんなささやかな善行も成仏に直結することを示している。これは「小善成仏《しょうぜん》」(31)と言われるものであり、どんな小さなものでも仏教の善行であれば、すべて成仏という仏教の最大の目的に包摂《ほうせつ》するのであるから、包括主義と言ってよいと思う。

五百弟子受記品には、阿羅漢《あらかん》の富楼那《ふるな》について、その本地は菩薩であって、声聞を救済する方便として、外面的に声聞の姿をとっていると説かれている（「内には菩薩行を秘し、外には是れ声聞なりと現ず。」大正九・二八上を参照）。これは、大乗の立場から、声聞を軽率に批判することを戒《いまし》めた内容であると解釈できると思うが、声聞を菩薩に包摂する可能性を示唆したものであるから、一種の包括主義であると考えられる。

仏のすべての教えを蘇生させる

教法の統合を目指す一仏乗《いちぶつじょう》の思想と包括主義の関係について考察すると、もともと一仏乗の思想は、『法華経』以前に説かれた釈尊のあらゆる教えを方便であると切り捨てるだけでなく、方便であることを認識したうえでは、かえってすべての教えが活《い》かされる、つまり蘇生《そせい》することを説く。

「方便」という概念には、『法華経』以外の他の教えを厳しく否定する面と、再び蘇生させる面の二面が備わっていると言えよう。その証拠として、『法華経』以前には成仏できないと規定された声聞が真の声聞の自覚を持って、成仏の確信を抱くことが説かれる。

『法華経』信解品《しんげほん》には、「我れ等は今者《いま》、真に是れ声聞なり。仏道の声を以《もっ》て、一切をして聞かしむ」（大正九・一八下）とある。このような思想は中国仏教では「開会《かいえ》」と呼ばれ、『法華経』があらゆる教えを蘇生《そせい》させる働きを指し示す。

『法華経』は、『法華経』を中心として、仏教の統合を目指すものであるが、統合のみを強調するのではなく、「開会」に見られたように、「多様性」が蘇生するのである。

『法華経』の「サッダルマ」の普遍性は仏教の範囲を越えるか

『法華経』の包括主義は、もともと仏教内部を念頭に置いたものであるが、原始経典に、「法」の普遍性《ふへんせい》・永遠性が説かれていたように、『法華経』の「サッダルマ」の普遍性は仏教の範囲を越えることを目指している。統合の中心は、釈尊と「サッダルマ」であるが、釈尊も「サッダルマ」を覚知して仏となったのであるから、「サッダルマ」がより根源的である。前節で考察したように、「サッダルマ」は、誰もがかかわることができ、実際に自己において仏の境涯として主体化・実現化できるという普遍性を持っていることに注目しなければならない。一方、統合の中心を、もし宗派性の強いドグマティズム（教条主義）に求めれば、「多様性」の尊重も画餅《がべい》となってしまう。

他宗教の信仰者に対しても、「サッダルマ」の側は決して差別しない。つまり、「サッダルマ」は誰においても実現可能なのである。このような立場からは、たとえ信仰する宗教が相違しても、すべての人々の尊厳を認める態度が生まれよう。常不軽《じょうふきょう》菩薩《ぼさつ》の実践は、このことをよく示していると思われる。

しかし、「サッダルマ」の主体化・実現化に、仏教の特定の信仰・修行が不可欠とするならば、『法華経』の立場は多元主義ではなく、やはり包括主義であると言うべきである。ただし、『法華経』譬喩品《ひゆほん》には、『法華経』を誹謗《ひぼう》する者の厳しく恐ろしい罪報《ざいほう》が列挙されている（大正九・一五中―一六上）。また、類似の表現は、普賢菩薩勧発品《ふげんぼさつかんぼっほん》にも見られる（大正九・六二上）。これをどのように解釈するべきであろうか。

「サッダルマ」が「自己の尊厳性」に結びつくことを本文で指摘したが、『法華経』を宗派性の強いドグマティズム（教条主義）と捉《とら》えるならば、これらの厳しい罪報《ざいほう》の列挙は激しい排他性《はいたせい》を意味するであろう。しかし、もし『法華経』を「自己の尊厳」を説く普遍的な「サッダルマ」と捉えるならば、『法華経』に対する誹謗《ひぼう》は、「自己の尊厳」を踏みにじるものであり、罪報の列挙は必ずしも排他性を意味するのではなく、「自己の尊厳」に目覚める方向に強く人々を方向づける働きを持った言説と解釈できる可能性が生ずるかもしれない。私自身は、必ずしも牽強付会《けんきょうふかい》な解釈を試みるつもりはないが、いずれにしても『法華経』を信仰する者にとって大きな課題であろう。

あるいは、「サッダルマ」の主体化・実現化の方法が、他宗教や宗教以外の方法にも広く開かれる可能性はあるのであろうか。この場合は、多元主義にかなり接近した立場になると考えられる。この問題もまた『法華経』を信仰する者にとって大きな課題であろう。

四　宗教間対話への道

多元主義・包括主義・排他主義

文明の衝突、そしてその衝突の重要な原因としての宗教の対立が平和を脅《おびや》かすことが指摘される現代社会において、宗教的寛容《かんよう》の問題は現代的課題の一つであろう。宗教的寛容とは、ある宗教、またはそれを信仰する者が、他の宗教、またはそれを信仰する者に対してとる一種の態度である。

消極的には、ほかの宗教の存在を何らかの方法によって抹殺《まっさつ》しようとするのではなく、少なくともその存在を容認する態度であり、積極的には、ほかの宗教の存在価値をある程度、認める態度である。「ある程度」とは、最大限度としては、自宗教と同じ価値を他宗教に認めることであろう。より程度が小さい場合は、他宗教を自宗教の準備段階として部分的に承認することである。

現代において、宗教的寛容の問題がしばしば議論されるのには、次のような状況が背景としてあるからであると考えられる。つまり、世界平和、環境保護、社会的正義などの実現に、宗教界が諸宗教・諸宗派の相違を越えて、より積極的な役割を果たすことが一部の人々に期待されるなかで、諸宗教が過去のキリスト教に代表されるような排他主義にとどまるのであれば、そのような期待を妨げるのではないかという危惧《きぐ》があるからであろう。

自宗教と同じ価値を他宗教に認める前者の立場はジョン・ヒック（John Hick）の言う多元主義《たげんしゅぎ》（pluralism）に相当するもので、他宗教を自宗教の準備段階として部分的に承認する後者の立場は包括主義《ほうかつしゅぎ》（inclusivism）に相当すると考えられる。

他方、上記の多元主義、包括主義と相違して、宗教的救済が自己の宗教においてのみ可能であることを主張し、他の宗教の存在を認めない立場は排他主義《はいたしゅぎ》（exclusivism）と呼ばれる。この排他主義にも、暴力・権力の行使を含むあらゆる手段を用いて、他宗教の存在を抹殺《まっさつ》しようとする立場から、あくまで言葉に基づく議論によって宗教の淘汰《とうた》を期待する立場まで、程度の差があるであろう。

ある宗教が多元主義や包括主義のどの立場に立つかは自由であり、暴力・権力の行使などの手段を用いて、他宗教の存在を抹殺しようとする極端な排他主義の立場に立たなければ、ある宗教がかりに排他主義の立場をとったとしても、それだけで反社会的であるわけではない。彼らの主張に現代的な説得力がなければ、宗教間の自由競争において敗れ去っていくだけであろう。

現代における宗教的寛容の立場には、特定の宗教の絶対性の主張に関して、反省ないしは断念がその背景にあるように見受けられる。文化的相対主義に基づき、特定の宗教の真理の絶対性の主張が困難視され、宗教体験の神秘性・超越性《ちょうえつせい》に基づき、特定の宗教の宗教的体験の絶対性の主張が疑問視されるとともに、社会的正義の実現のために、諸宗教が絶対性の主張を越えて、あるいは抑えて、共闘の可能性を開くことが望まれている(32)。

宗教間の争いを終結させるために

ジョン・ヒックは、多数の宗教が共存せざるをえない社会の現実において、無用な宗教間の争いを避《さ》けるために、多元主義を宣揚《せんよう》した。そして、包括主義については、「古い排他主義的ドグマを拭《ぬぐ》い去ってはいない」（ジョン・ヒック『宗教多元主義―宗教理解のパラダイム変換』〔間瀬啓允訳、法蔵館、一九九〇年。原著は、*Problems of Religious Pluralism*, London: Macmillan, 1985〕六九頁を参照）と批判している。訳者の間瀬氏は、ヒックの意を受けて、包括主義を「穏やかな排他主義」（同書、二六二頁）と呼んでいる。多元主義を宣揚するためには、包括主義を貶《おとし》めざるをえないこともよく理解できる。実は、多元主義も宗教間の争いを終結させる仮説であるので、その評価は宗教間の争いを終結させることができるかどうかという効用によって検証することが必要であると思う。

多元主義の仮説は、私の見るところ、無信仰、無宗教の人には、諸宗教の関係を理解する便利な図式を提供してくれるものではあるが、実際に何らかの宗教を強く信仰している人には、受け入れることがなかなか難しいのではないだろうか。実際に受け入れることの難しい多元主義に執著しても、宗教間の有害無益な争いを防止することに実効性がないとすれば、包括主義を一方的に批判するよりも、宗教間の争いを抑止する包括主義の可能性を模索《もさく》することも、現実的な一つの方法であろう。

包括主義の立場に立っても、宗教間対話は可能なはずである。宗教間の有害無益な争いを回避《かいひ》するためには、相手の宗教に対する誤解を取り除き、相互理解を促進することが必要であることに同意することは、包括主義者にとっても可能であると思う。そして、いったん対話に入れば、実質的には、対話を通じて、他宗教に照らされながら、自己の宗教の潜在的《せんざいてき》な可能性を広げることができるかもしれず、その場合には自己の宗教のある種の変容さえ起こりうるであろう。

現代において、もし特定の宗教の絶対性を主張するならば、それはいかなる根拠に基づくのかが問われねばならない。もし根拠を示すことができなければ、絶対性の主張を保持しても、多くの人々に対して説得力を持つことはできないであろう。

他方、絶対性の主張をかりに断念する、あるいは慎《つつし》み控える場合にも、実際の宗教間対話において、他の宗教に対する批判がまったくタブーとなるわけではない。教義体系に無矛盾性を要求することは、宗教にとってどれだけ重要であるかは議論の分かれるところではあるが、現代人の多くは、やはりできるだけ矛盾の少ないほうを好ましいと思うであろう。

また、社会的な問題に対する宗教の態度においても、多くの人々は社会正義の実現に対する積極的な関与や、反社会的な犯罪行為の抑止力などに期待を持っているであろう。また、宗教の教義や宗教指導者の発言内容は、実際の宗教教団の活動や信徒の行動によって検証されるべきであるとする考えには、多数の同意が得られるであろう。いずれにしろ、宗教批判をタブー視する必要はなく、活発な宗教間対話が待望される今日、宗教批判の方法を成熟させることも必要なのではないだろうか。

本章においては、ゴータマ・ブッダの真理観を『法華経』の「サッダルマ」が継承《けいしょう》していることを指摘し、その「サッダルマ」の普遍性を説き、仏教の「統合」を目指す『法華経』の基本的立場を包括主義と規定した（解釈によっては排他主義、多元主義の側面も含んでいる）。この包括主義はジョン・ヒックには「古い排他主義的ドグマを拭《ぬぐ》い去ってはいない」として批判されているけれども、有害無益な宗教間の争いを抑止する一定の実効性を認めるほうが現実的ではないかと指摘した。また、宗教間対話においても、成熟した宗教批判の方法が探求されるべきであることを指摘した。

【第五章】 宗教間対話について

本章は、現代社会の課題の一つである宗教間対話について、『法華経』の立場から考察したものである。『法華経』の中心思想の一つである「一乗」の思想に対する三種の解釈を試み、それと排他主義《はいたしゅぎ》・包括主義《ほうかつしゅぎ》・多元主義《たげんしゅぎ》との関係を論じた。

さらに、宗教間対話の場に生きる指針を、『法華経』の四安楽行《あんらくぎょう》、「如来の衣座室《えざしつ》」から学ぼうとした。

一　『法華経』方便品の「一乗」の思想

仏は衆生を成仏させるために出現した

インドの大乗経典は、およそ紀元前一世紀頃から一千年の長きにわたって次々と編纂《へんさん》されていった。原始経典の内容が最終的に確定するまでには、釈尊の死後、数百年の時の経過が必要であった（パーリ語の聖典は、紀元前一世紀に、スリランカで文字化されたと言われる）けれども、原始経典の範囲は初期の頃からほぼ固定されたものであった。

それに比して、大乗経典は、時代や地域によって、釈尊の真意に基づく創造的展開を目指すものとして、新しい仏教思想を開発し続けた。一般に、新しい思想の成立の背景には、既成の思想に対する何らかの批判が含まれているはずである。『法華経』は、『法華経』以前の仏教をどのように捉《とら》えて、自らの立場を形成したのであろうか。この問題は、インドの仏教史における『法華経』の位置づけと関連するものである。

この問題に直接関連する『法華経』の思想が、方便品《ほうべん》第二に明かされる「一乗《いちじょう》」の思想であることには、誰も異論はないであろう。また、「一乗」の思想は、『法華経』のなかで最も有名な思想でもある。しばらく、方便品の内容を紹介することによって、「一乗」の意味を明らかにしたい。

序品第一において釈尊は無量義処三昧《むりょうぎしょざんまい》に入ったが、続く方便品第二では、その三昧から出た釈尊が舎利弗を相手に語り出す。そして、諸仏の智慧《ちえ》の偉大さをたたえ、「ただ仏と仏とだけがはじめて（仏が完成し、仏の境涯を構成するすぐれた性質としての）多くの法の真実の様相を認識することができる」（「唯《た》だ仏と仏とのみ乃《いま》し能く諸法の実相を究尽《くじん》す。」大正九・五下）と述べる。その後、舎利弗は釈尊に三回にわたって説法を請《こ》い、釈尊もそれに応《こた》えて説こうとしたところ、五千人の増上慢《ぞうじょうまん》の者たちが『法華経』の集会から退席してしまう（この五千人の増上慢の退席は、『法華経』を受容するためには、増上慢［まだ悟っていないのに悟ったと思いこむ高ぶった心］を取り除かなければならないことを示唆している。本書六七～七〇頁を参照）。釈尊は彼らの退席を制止することなく、かえって残った者は純粋なものばかりであるとし、いよいよ釈尊がこの世に出現した理由・目的を明らかにする。

釈尊は、自分を含めて三世の諸仏は、唯一の重大な仕事をするために、この世に出現すると説く。その唯一の重大な仕事とは何か。それは衆生に仏知見《ぶっちけん》（梵本では、tathāgata-jñāna-darśana［如来の知見］とある。仏の智慧と理解してよい）を開き、示し、悟らせ、仏知見の道に入らせることと説明される。つまり、仏は衆生を成仏させるためにこの世に出現することを明かすのである。

三乗方便・一乗真実

すべての衆生を成仏させるということは、これまで成仏を高すぎる目標だとして断念し、その代わりに、阿羅漢《あらかん》、辟支仏《びゃくしぶつ》を最終的な目標として修行する声聞・縁覚《えんがく》の二乗の人も成仏できることを意味する。

この一大事因縁《いちだいじいんねん》の箇所は、『法華経』の「一乗」の思想を直接表現したものであり、『法華経』のなかで、最も重要な宗教的メッセージの一つである。方便品に続く譬喩品第三のなかに、神々がこのメッセージについて、「仏は昔、ヴァーラーナシーにおいてはじめて法輪《ほうりん》を転じたが、今、ふたたび無上最大の法輪を転じられた」（「仏は昔、波羅㮈《はらな》に於《お》いてはじめて法輪を転じ、今乃《すなわ》ち復た無上最大の法輪を転ず。」大正九・一二上）と述べるところがある。

これはヴァーラーナシーのムリガダーヴァ（鹿野苑《ろくやおん》）における初転法輪と『法華経』の「一乗」の説法を対比させたものである。釈尊は梵天の勧請《かんじょう》を受けいれ、かつての修行仲間である五人の出家者に対して説法をするためにムリガダーヴァに行く。そこで、不苦不楽の中道や四諦八正道《したいはっしょうどう》を説いた。これが第一の法輪と呼ばれるが、これに対して、方便品の「一乗」を第二の最高の法輪と位置づけたのである。

すべての衆生を平等に成仏させることが釈尊の出現の目的であるならば、これまで阿羅漢、辟支仏を最終的な目標とする教えである声聞乗、縁覚乗をなぜ説いたのかという問題が新たに生じる。そこで、『法華経』は、『法華経』以前においては、声聞、縁覚、菩薩という三種類の類型の修行者に対して、三種類の教え（順に四諦、十二因縁、六波羅蜜《はらみつ》）

とその修行が説かれ、それによって達成される理想にも三種類（阿羅漢・辟支仏・仏）があるとしてきたが、これは方便の教えであったという秘密を打ち明ける。

つまり、声聞や縁覚は志が劣っており、はじめから成仏できるという教え（仏乗）を説くことができなかったので、声聞や縁覚の宗教的能力に合わせて、声聞乗、縁覚乗という低い教えによって彼らを成熟させ、教育したとする。

しかし、このことはあくまで、声聞や縁覚にとっては秘密のことであり、彼らは彼らに与えられた教えを真実とばかり思い込んでいた。この段階では、仏に与えられた教えはすべて真実と弟子たちに見なされ、真実と方便の対比はそもそも存在しない。次に、『法華経』においてはじめて、三乗が存在すると説くことは方便であったことをうち明けるのである。したがって、声聞乗、縁覚乗は一時的暫定的《ざんていてき》な仮の教えであり、声聞、縁覚も永久に変化しない固定的なあり方ではなく、十分に成熟、教育されたときには、彼らも最終的には菩薩として成仏することができると説かれる。このようにすべての人が同じく成仏することのできる教えなので、これを仏乗と呼び、『法華経』自身を指す。したがって、真実には仏乗しか存在しないので、これを一乗と呼び、仏乗と一乗を結合して、一仏乗という呼び方もなされる。これが三乗方便《さんじょうほうべん》・一乗真実の思想である。中国仏教の術語では「開三顕一《かいさんけんいち》」という。

以上が、『法華経』の立場から過去の仏教史を整理し、価値評価したものであり、また『法華経』自らの立場を一乗によって闡明《せんめい》したものである。

二　『法華経』と諸宗教との関係

三車家と四車家の対立

以上が、方便品における「一乗」の思想の説明である。上の説明からわかるように、一乗は三乗（声聞乗・縁覚乗・菩薩乗）と相対して説かれている。次に、この一乗と三乗の関係について考察するが、その前に、三乗のなかの菩薩乗と仏乗《ぶつじょう》の関係について説明しよう。『法華経』の趣旨《しゅし》から見ると、菩薩乗は『法華経』以前に説かれた大乗経典を指し、仏乗は『法華経』そのものを指す。

歴史的には、この両者を同一平等視する解釈と、仏乗の菩薩乗に対する優位を認める解釈が現われた。これらの解釈は実際に中国の法華経注釈家のなかに現われた。つまり、譬喩《ひゆ》品の三車火宅《さんしゃかたく》の解釈において、父親が火宅のなかにいる子供たちに約束した三車（羊車《ようしゃ》・鹿車《ろくしゃ》・牛車《ごしゃ》）のなかの牛車と、父親が最後に子供たちに与える大白牛車《だいびゃくごしゃ》とが同じかどうか、中国において解釈が分かれたのである。
同じであれば、車は全部で三車となり、異なるのであれば四車となる。前者の解釈が三車家《さんしゃけ》と呼ばれ、後者の解釈が四車家《ししゃけ》と呼ばれた。三車家の代表が法相宗の基《き》（慈恩）であり、四車家の代表が法雲《ほううん》や智顗《ちぎ》である。吉蔵《きちぞう》は従来、三車家の代表と言われてきたが、近年の研究によれば、三車家と四車家のいずれか一方に執著することのない自由な立場に立っていたとされる。衆生の悟りこそ重要であって、学説自体は衆生の悟りとの関係を踏まえて評価すべきであるというのが吉蔵の主張である。

私見によれば、三乗のなかの菩薩乗（大乗）は声聞乗・縁覚乗の二乗（小乗）と相対的な関係に立つ菩薩乗であるのに対して、仏乗は二乗と菩薩乗の対立を越えた立場に立っていることを踏まえると、菩薩乗と仏乗を単に同一視することはできない。『法華経』の立場からは、声聞・縁覚は自らが菩薩であることに目覚めなければならないし、三乗のなかの菩薩も、声聞・縁覚と対立するのではなく、声聞・縁覚も菩薩の道を歩み行く存在であることを深く認識しなければならないと考える。したがって、三乗のなかの声聞・縁覚・菩薩は、いずれも真の菩薩へと自己転換《じこてんかん》を要請されるべき存在である。

さて、諸宗教の関係をどのように捉《とら》えるかという問題をめぐって、ジョン・ヒックによって提唱された排他主義《はいたしゅぎ》・包括主義《ほうかつしゅぎ》・多元主義《たげんしゅぎ》は、多様な諸宗教の関係を掬《すく》い取るには大ざっぱすぎる枠組みであるという欠点はあるが、(33)ある程度の有効性を持っていることは否定できない。

そこで、便宜的《べんぎてき》にこの枠組みを用いて、一乗のさまざまな解釈を位置づけてみよう。以下に示す解釈は、第一・第二は過去の仏教史に実際にあった解釈であるし、第三の解釈は、将来、理論的に発展させる可能性のあるものである。

(1) 排他主義に解釈する

第一の解釈は、三乗は一乗のために説かれたもので、一乗のための準備的教えであり、一乗が明瞭《めいりょう》に説かれた段階では、三乗は必要のない方便の教えとして捨てられると捉える。この場合は、『法華経』の一乗のみが超越的高みに立つことになり、他のすべての教えは無用なものとして否定されるので、これは排他主義の立場であると言うことができる。

具体的には、『法華経』方便品には、

今、私は喜んで畏怖《いふ》心なく、菩薩たちのなかで、正直に方便を捨てて、ただ最高の悟りを説くだけである。

◇

今我喜無畏　於諸菩薩中　正直捨方便　但説無上道（大正九・一〇上）

とあり、方便を捨てることが強調されている（ただし、梵本においては、「方便を捨てる」ことが明確には表現されていない）。

また、譬喩品には、『法華経』をどのような相手に説くべきかという問題をめぐって、『法

華経』以外の他《た》の経典や、仏教以外の典籍に親しむ者に対する排他的な態度も見られる。すなわち、

ある人が心の底から仏の舎利《しゃり》を求めるように、経典（『法華経』）を求め、獲得して推《お》し戴《いただ》き、もはや他の経典を求めず、また外道の典籍を心に思ったことがなければ、このような人のためにこそ（『法華経』を）説くことができる。

◇

如人至心　求仏舎利　如是求経　得已頂受　其人不復　志求余経　亦未曾念　外道典籍　如是之人　乃可為説（大正九・一六中）。

とある。

また、安楽行品には、外道や梵志《ぼんじ》などの仏教以外の宗教者に近づいてはならないと戒めている。

非仏教徒、バラモン、ジャイナ教徒など、世俗の文学や詩歌などの非仏教的な書物を作る者、順世外道、順世外道に反論する者に近づいてはならない。

◇

不親近諸外道梵志尼揵子等、及造世俗文筆讃詠外書、及路伽耶陀逆路伽耶陀者（大正九・三七上）。

とある。ちなみに、私見によれば、日蓮の立場は、基本的に本項で紹介した第一の解釈が強く、部分的には次の第二の解釈を含むものだと考える。

（2）包括主義に解釈する

第二の解釈は、三乗が即自的な真実性を主張する限りでは、厳しく批判されるが、一乗が明瞭《めいりょう》に説かれた段階で、自己の方便性を自覚すれば、三乗はそのまま一乗への過程として、その意義が認められ、最終的に一乗に包摂《ほうせつ》されると捉《とら》える。

言い換えれば、一仏乗の思想は、『法華経』以前に説かれた釈尊のあらゆる教えを方便であると切り捨てる（上記の第一の解釈に相当する）だけでなく、方便であることを認識したうえでは、かえってすべての教えが活《い》かされる、つまり蘇生《そせい》することを説く（これが第二の解釈に相当する）。

「方便」という概念には、『法華経』以外の他の教えを厳しく否定する面と、再び蘇生させる面の二面が備わっていると言えよう。第二の解釈は、一乗が他の教えを包摂することになるので、包括主義《ほうかつしゅぎ》の立場であると言うことができる[34]。

本書第四章において、解釈の相違によっては、『法華経』は排他主義、包括主義、多元主義のいずれの立場をも取りうるが、『法華経』の基本的立場は包括主義であると捉え、包括主義と親近性のある『法華経』の教えを具体的にいくつか取り上げた。今、説明を繰り返さないが、「小善成仏」の教え、声聞の富楼那《ふるな》の本地が菩薩とされること、『法華経』はすべての衆生を菩薩と認定して説法の対象とすること、常不軽菩薩はすべての衆生を未来の仏として尊敬すること、見宝塔品の物語に基づいて諸仏の釈尊への空間的統合が説かれること、如来寿量品の物語に基づいて諸仏の釈尊への時間的統合が説かれることなどをここでは指摘しておきたい。

(3) 多元主義に解釈する

一乗を仏教の枠《わく》を超えた普遍的な真理と解釈する場合は、多元主義の立場に近くなるかもしれない。確かに一乗は、国、民族、性、文化などのあらゆる差別を越えた普遍的なものである。ただし、すべての衆生の成仏を目指すと言っても、それは成仏という仏教特有の表現によって示されているように、仏教の立場からの一種の包括主義と見なされるであろう。ただし、仏教の目標である「仏」を、より普遍性のある人間的価値の所有者として描くことができれば、多元主義に近づくかもしれない。

「一乗」を多元主義の立場から解釈することは、過去の仏教の歴史には現われていない。今日のような諸宗教が共存せざるをえないグローバルな時代は、人類にとってはじめての経験である。ただし、中国では、唐末以降、儒教《じゅきょう》、仏教、道教の三教一致を主張する思想が強くなり、日本においても江戸時代には、神道《しんとう》、儒教、仏教の三教一致を主張する傾向が現われたという歴史的事実はあった。

しかし、この第三の解釈は、ジョン・ヒックが、さまざまな宗教的伝統における「救《きゅう》済《さい》」の多様な表現を「自我中心から実在中心への人間的生の現実的な変革」（『宗教多元主義』〔前掲同書〕六六頁）と言い換えることによって、多元主義を擁護《ようご》しようとしたヒックの立場に接近を図ったものである。諸宗教の独自の価値を承認するという私の基本的立場（後述）からすれば、「救済」に関して無理に統一した表現を与える必要もないのかもしれない。

私見によれば、『法華経』の基本的立場は、多少の解釈の幅はあるものの、包括主義に近いと思われる。とくに、インドの仏教史において、『法華経』は過去の仏教の一定の役割を認めながらも、新しい「一乗」の思想によって、すべての衆生の成仏を目指す新しい仏教を樹立しようとしたのである。このような『法華経』の立場から、宗教間対話をどのように考えたらよいのであろうか。

三　『法華経』と宗教間対話について――四安楽行と弘経の三軌（如来の衣座室）

『法華経』のような仏教経典は、仏と弟子の対話によって、物語が構成されている。仏と弟子であるから、仏教の悟りや修行のレベルにおいて対等であるとは言えない。つまり、仏と弟子との対話は、対話の第一の基本とも言うべき、完全に対等な立場に立つ個人と個人の対話とは言えない。

したがって、『法華経』から広い意味での対話の精神を学び取ることは可能であるが、宗教間対話に関する指針を、直接『法華経』に求めることはなかなか難しいと言わざるをえない。

本節では、『法華経』安楽行《あんらくぎょう》品に説かれる四安楽行と法師品に説かれる弘経《ぐきょう》の三軌《さんき》を取り上げて、少しくこの問題を考えたい。

「安楽行品」に見る

四安楽行、弘経の三軌はいずれも本来、『法華経』弘通のための心構えを説いたものであるが、宗教間対話の心構えに何らかの示唆《しさ》を与えるものとして参照したいのである。宗教間対話は、もちろん布教の場ではない。地球的問題群の解決に向けて、諸宗教が協力する場である。ただし、諸宗教の切磋琢磨《せっさたくま》、どれだけ問題の解決に智慧《ちえ》を出せるか、エネルギーを注げるかという、よい意味での競争も時には必要であろう。相手から何かを学び、自己の宗教を深化させるということには、何かしら真剣な精神的態度が必要となると考える。

四安楽行は、釈尊滅後の悪世における『法華経』弘通の注意事項を説くものではあるが、現代の宗教間対話を遂行《すいこう》するうえで、参考になる点がある。(35)

四安楽行の名称は、『法華経』そのものには出ておらず、『法華経』の注釈家によって名称は相違する。智顗《ちぎ》・灌頂《かんじょう》の『法華文句』によれば、身・口・意・誓願《せいがん》の四つの安楽行と名づけられている。[36]

『法華経』安楽行品の冒頭において、文殊菩薩は釈尊に、「菩薩摩訶薩《まかさつ》は（仏が涅槃《ねはん》に入った）後の悪世で、どのようにこの経を説くことができるのか。[37]」と質問する。釈尊は、「もし菩薩摩訶薩が後の悪世で、この経を説こうとするならば、当然四つの方法に身を落ち着けるべきである。[38]」と答え、順次その内容を説明する。この四法が四安楽行と呼ばれるものである。

第一は身の安楽行である。これに行処《ぎょうしょ》と親近処《しんごんしょ》とがある。行処とは菩薩に相応《ふさわ》しい行動範囲のことで、親近処は交際範囲のことである。行処については、「忍辱《にんにく》の境地にとどまり、優しく穏やかで善く調《ととの》えられて従順であり、慌《あわ》ただしくなく、心の中で驚かず、また法を実体視して捉《とら》えることなく、多くの法のありのままの様相を観察して、実体視して捉えることもなく分析もしない。[39]」ことと説明される。次に、親近処については二つに分類され、第一の親近処は具体的な交際範囲を限定することと、[40]やむをえず交際する場合の行動の注意が示される。第二の親近処は存在の空《くう》を徹底的に認識することを意味する。

第二は口の安楽行である。これは主に言葉に関する注意を指す。『法華経』には、「進んで人の過失や（『法華経』以外の）経典の過失を説いてはならないし、他の法師を軽蔑《けいべつ》してもならない。他の人の好き嫌《きら》いや長所・短所をあげつらってはならない。声聞の人に対して、名指しで悪いところを説いたり、また名指しで善いところを褒《ほ》めてはならない。また恨《うら》んだり嫌ったりする心を生じてはならない。巧《たく》みにこのような安楽な心を修めているので、（そのような）あらゆる聴衆に対して、その心に逆らってはならない。批判的な質問をされても、小乗の法によって答えてはならない。ただ大乗だけによって彼らのために解説し、完全な仏の智慧を得させなさい。(41)」と説かれている。

第三は意の安楽行である。心のあり方に関する注意である。『法華経』には、「嫉妬《しっと》やへつらい・欺《あざむ》きの心を持ってはならない。また仏道を求めるものを軽蔑して、その長所・短所を求めてはならない。声聞・縁覚・菩薩を求める比丘《びく》・比丘尼《びくに》・優婆塞《うばそく》・優婆夷《うばい》に対して、これを悩まし、疑い後悔させ、『あなたたちは道からはるかに遠く、最終的に完全な仏の智慧を得ることができない。その理由は何か。あなたたちは勝手気ままであり、道について怠《なま》けているからである』と言ってはならない。また多くの法について戯《たわむ》れの議論をして、論争してはならない。すべての衆生に対して大悲の心を生じ、如来たちを慈父と思い、菩薩たちを偉大な師と思うべきである。十方の偉大な菩薩たちを常に心底から尊敬し礼拝すべきである。すべての衆生に対して平等に法を説きなさい。法に従うから、（法について）多くも少なくも説かず、乃至、法に愛着するものに対しても多く説かないようにしなさい。[42]」と説かれている。

第四は誓願《せいがん》の安楽行である。『法華経』を受持するものは、「在家・出家の人々に対しては偉大な慈《いつく》しみの心を生じ、菩薩でない人々に対しては偉大な同情の心を生じて、次のように思うべきである。『このような人々は如来の巧みな手段による、相手の都合に合わせた説法をまったく失い、聞かず、知らず、悟らず、質問せず、信ぜず、理解しない。その人々は『法華経』について質問せず、信ぜず、理解しないけれども、私は最高の正しい悟りを得るとき、どこにいようとも、神通の力と智慧の力によってこれらの人々を導いて『法華経』に身を落ち着けることができるようにさせよう。(43)』」と。このように、偉大な慈悲の心を生じ、『法華経』による衆生の救済を誓願することが強調されている。

『法華経』の四安楽行《あんらくぎょう》から、宗教間対話を進める心的態度として、次のことが学べよう。第一に、大乗仏教の基本的な存在認識としての空《くう》の認識を踏まえることである。これは、自己の宗教と他の宗教をまったく変化しない固定したものと見なすことなく、変化・流動するものと見なすことである。我々は対話を通して相互に変化することが可能であり、変化に対して開かれた態度をとることが重要である。他者に対する優しく穏やかであるといった心的態度も、仏教においては空の認識に基づいたものとされる。

第二に、宗教間対話においては、他の宗教に敬意を表わし、むやみに他者を批判したり、教義の論争を好んだりしてはならない。そうでなければ、ともに同じ対話のテーブルにつくこと自体ができなくなるであろう。

第三に、宗教間対話は、諸宗教の協力によって、地球的問題群の解決に一歩でも近づくためにあるのであり、その対話の根底には、全人類に平和、幸福をもたらさんとする誓願《せいがん》、慈悲がなければならない。

「弘経の三軌」に見る

このように見てくると、安楽行品の注意事項は、『法華経』法師品に説かれる弘経の三軌《さんき》とも共通していることに気づく。

法師品には、如来が涅槃《ねはん》に入った後に、四衆のために『法華経』を説こうとする場合、その説き方について、如来の室に入り、如来の衣を着、如来の座に坐して『法華経』を説くべきであると示される。如来の室とはすべての衆生に対する大慈悲心（無限に慈しみ同情する心）であり、如来の衣とは柔和忍辱心《にゅうわにんにくしん》（優しく穏やかで堪《た》え忍ぶ心）であり、如来の座とは一切法空《いっさいほうくう》（すべての存在が空であること）であると説明される[44]。

大乗仏教においては、空の認識は正しい智慧に基づくものであり、この智慧と慈悲は、仏の備える二大特徴であるから、成仏を目指す菩薩も当然のことながら智慧と慈悲を求める存在と言うことができる。また、現実の社会における菩薩の活動には、さまざまな困難が予想されることから、忍辱心《にんにくしん》が重視される。もちろん、この忍辱心の基づくところのものは、智慧と慈悲にほかならない。菩薩の六波羅蜜《はらみつ》（布施《ふせ》・持戒《じかい》・忍辱・精進・禅定《ぜんじょう》・智慧の六種の修行の完成）の修行のなかに忍辱波羅蜜が含まれることは周知の事実であろう。

四　宗教間対話の重要性

宗教間の争いによる紛争を回避するために

現代において、文明間対話、そして文明の基盤をなす諸宗教の宗教間対話の重要性がますます増大している。ジョン・ヒックは、諸宗教が共存せざるをえない現代社会において、諸宗教の平等な価値を認める多元主義を提唱した。これは有害無益な宗教間の争いを回避するための仮説である。また宗教間対話の根拠・基盤となりうる仮説かもしれない。

一方、ヒックは包括主義を古い排他主義的ドグマを拭《ぬぐ》い去ってはいないと批判しているけれども、ヒックの多元主義も、彼の言う「究極的実在」を中心概念とするある種の包括主義と言えないこともないであろう。たとえて言うと、一つの山の頂上に登るには、複数の道が存在する。この複数の道を諸宗教にたとえ、山頂を諸宗教が目指す究極的な実在にたとえることは、ヒックの多元主義を説明するイメージとして比較的理解しやすいかもしれない。

しかし、山は一つではなく、複数の山があり、そして、山の優劣は単に高さという唯一の基準によって測定されるものではないとしたらどうであろうか。むしろ、それぞれの山にはそれぞれ独自の見晴らし、風景の美しさがあり、そこに独自の価値があると考えることもできよう。このイメージのほうが宗教の多様性を認める多元主義を説明するモデルとしては、よりふさわしいのではないかと、私は考える。宗教間の差異の尊重もここに胚胎《はいたい》するのではないか。私は個人的にはこのような多元主義《たげんしゅぎ》の立場に立っている。

一方、多元主義の主張には、現実の信仰者の心情に必ずしもそぐわない点があるように思われる。私の印象によれば、ある宗教に対して深い信仰心を持つ熱心な信徒が多元主義の立場をとることは実際にはなかなか難しいように思われる。そして、そのような信徒が多元主義を理解できない無知蒙昧《むちもうまい》の徒とはとても思えないし、無知蒙昧であると批判するべきではないと思う。

むしろ、彼らのような信徒こそ、地球倫理、平和、社会正義などの実現に、惜《お》しみなくエネルギーを注ぎ大きな貢献をなしているかもしれないし、そのような可能性のあることを認める必要があろう。

したがって、ある種の信仰者に対しては、ヒックの言う多元主義の有効性は、割り引いて評価せざるをえない。ヒックの批判する包括主義者の間であっても、人権の尊重や地球環境の保護などの世俗的な価値観に何らかの共通性を持つことができれば、宗教間対話のテーブルにつくことは可能である。

宗教的寛容《かんよう》の基盤に、星川啓慈氏が「人間の真理認識能力の限界の自覚」をおいた[45]ことは妥当であると考えるが、開祖の受けた神の啓示や開祖の悟りなどの人間の能力を超越したものを全面的に受容するところに、ある種の信仰が成立したということも、宗教史の示す事実である。

この乖離《かいり》をどのように埋めるべきであろうか。極端な排他主義の立場に立つならば、宗教間対話は難しいであろうが、個人の信仰内部においては、宗教の超越的な部分を全面的に受け入れる信仰はその個人の自由に任せてもよい。ただし、宗教間対話においては、他の宗教の信仰者に対しては、自己の認識能力や宗教的体験の範囲内で、言葉による対話、交流を図らなければなるまい。このような宗教間対話の基本的なルールを守れば、対話のテーマによっては、排他主義の立場に立っている者さえ宗教間対話に参加することができよう。

宗教間対話の意義

環境保護、人口問題、食糧問題などの人類の重要な問題の多くについては、科学的な解決方法や、社会的・政治的な解決方法が最も重要であると思うが、それらの解決策が示されたとしても、国家・民族のエゴイズムや人間の貪欲《どんよく》はそれらの解決方法を簡単には受け入れないという危険性がある。

諸宗教の信徒は世界人口のかなりの割合を占めている現実があり、諸宗教が信徒に対してある程度の指導性を持っている以上、宗教間対話を通じて、諸宗教は人類の諸問題と解決に関する知識を共有し、それぞれの信徒にそれを教育する役割を担《にな》い、また広く人類に問題解決への影響力を発揮することが期待される。

宗教間対話は時代の潮流であるが、我々は単に時流に乗るのではなく、各自の宗教的伝統のなかから、宗教間対話の意義と精神を発掘する必要があろう。そうでなければ時流に乗った上滑りのパフォーマンスで終わってしまいかねないし、時流の変化に応じて、節操《せっそう》のない変わり身を遂げてしまう危険性もある。

先に記したように、私は個人的には諸宗教の独自の価値を承認するという基本的立場に立っているが、宗教間対話の重要性を考えると、包括主義者《ほうかつしゅぎ》や排他主義者《はいたしゅぎ》であっても、相手の宗教に対する誤解を取り除き、相互理解を促進する役割を持つ宗教間対話から排除する必要はないと思う。そのような対話を通じて、地球的問題群の解決に協力し合うことが可能となり、ときには自他の宗教の潜在的可能性を拡充することによって、互いの宗教の深化がもたらされるかもしれないのである。我々はそのような自己の宗教に生ずるある種の変容に臆病《おくびょう》になる必要はなく、むしろそのような変容がより豊かな宗教的生に道を開くものだと期待することもできよう。

地球的問題群の解決という現代社会に喫緊《きっきん》の課題の解決のために、諸宗教の宗教間対話を活性化させることは、『法華経』の立場からは、衆生を救済しようとする菩薩の誓願と慈悲に深く関係しており、実際の交流にあたっては、空《くう》の認識や忍辱《にんにく》の精神が何らかの貢献を果たすことができるはずである。宗教間対話に対する「忍辱」の貢献というと、やや奇妙に感じられるかもしれないが、これまでの長い歴史にあって、互いに無関係であったか、逆に深い対立を経験してきた諸宗教が同じテーブルについて対話を進めるにあたっては、ねばり強く相互の誤解を解き、理解を進めていく忍耐心が重要である。多国間の国際会議の多くの実例はこのことを雄弁に物語っていよう。さらに、この忍耐心は、仏教においては智慧と慈悲に裏打ちされていなければ真実のものとはなることができないのである。

最後に、『法華経』の発する、「人間のさまざまな差異、多様性を尊重し讃歎《さんたん》する」というメッセージを、薬草喩品《やくそうゆほん》の「三草二木の譬喩《ひゆ》」に求めたい。「三草二木」の譬喩は、『法華経』の代表的な七つの譬喩の一つであるが、この譬喩だけがインドの大雨という自然現象に基づいた譬喩であり、いわば人工的に『法華経』の教えに適合するように作られた他の六つの譬喩と相違する。したがって、一見すると、譬喩の内容に『法華経』の思想と合致しないように見えるものも含まれるので、解釈には注意を要する。

譬喩の内容は簡潔《かんけつ》なものであり、空一面に垂《た》れ込めた雲から、雨が大地を平等に潤《うるお》すが、さまざまな植物（三草二木）はその種類にしたがって、それぞれ生長するというものである。三草二木とは、小・中・上の薬草と、小・大の樹木を指すが、小の薬草は人・天の存在をたとえ、中の薬草は声聞・縁覚をたとえ、上の薬草と小樹と大樹はそれぞれ三段階の菩薩をたとえているとされる（大正九・一九上～二〇中を参照）。

この譬喩の趣旨《しゅし》は、

1、仏の説法は誰に対しても平等であること、

2、衆生には多様性があること、
3、仏は一切智《いっさいち》をすぐには説かないこと、
4、仏は『法華経』において、最終的に衆生を一切智に到《いた》らせることである。

譬喩《ひゆ》の中心的意図は、多くの方便の教えを経由してはじめて『法華経』が説かれること、つまり一切智をすぐには説かないことの理由の説明にある。決して、声聞・縁覚・菩薩の本性上の絶対的な差別を肯定《こうてい》するものではない。なぜならば、『法華経』においては、最終的にはすべての衆生を一切智に到らせることが目指されているからである。

このような譬喩の原義を正確に踏まえたうえで、この譬喩の圧倒的な視覚的イメージ、つまり多様な植物が平等に雨に打たれ、水分を十分に供給されて、大地の上で生き生きと生長する姿が、多様性や差異を相互に尊重しながらこの地球に共生する人類の姿を見事に象徴していると考えられるのではないであろうか。

※注

(1) 本文で、ブッダの中心思想として四諦説、十二因縁説に論及した。実は、本書のテーマである『法華経』においては、四諦、十二因縁の思想は、それぞれ声聞のための教え、縁覚のための教えに相当し、方便の教えと規定されている。つまり、声聞、縁覚を『法華経』を聞くことのできる宗教的能力のレベルに引き上げるための方便の教えとされる。『法華経』の立場からは、四諦説、十二因縁説が自己の煩悩からの解脱のみを目的とするものとして批判されている。『法華経』には、阿羅漢の自覚のあるものがさらに仏の悟り（苦しみからの個人的な解放のみでなく、他者救済を含みこんだ悟り）を追求しなければ、それは真の阿羅漢ではなく、増上慢《ぞうじょうまん》にすぎないと批判している。ブッダの場合は、自己の煩悩からの解脱にとどまることなく、一生涯、多くの人々の救済、弟子の育成に精励したのである。『法華経』の特色の一つである、如来の使者の自覚を持った菩薩の実践性の強調は、ブッダのそのような生涯に学んだものと言うことができよう。

(2)「不離於生死　而別有涅槃　実相義如是　云何有分別」（大正三〇・二一中）を参照。

(3)「諸法実相第一義中、不説離生死別有涅槃。如経説、涅槃即生死、生死即涅槃。如是諸法実相中、云何言是生死是涅槃。」（同前）を参照。

(4)「涅槃与世間　無有少分別　世間与涅槃　亦無少分別」（大正三〇・三六上）を参照。

(5)「涅槃之実際　及与世間際　如是二際者　無毫釐差別」（同前）を参照。

(6)『法華経』提婆達多品、「提婆達多は却《さ》って後、無量劫を過ぎて、当《まさ》に成仏することを得べし。号《な》づけて天王如来と曰《い》わん。」（大正九・三五上）を参照。

(7)『北本涅槃経』巻第七、如来性品には、「一切衆生に皆な仏性有り。是の性を以ての故に、無量億の諸の煩悩結を断じ、即ち阿耨多羅三藐三《あのくたらさんみゃくさん》菩提《ぼだい》を成ずることを得。一闡提《いっせんだい》を除く。」（大正一二・四〇四下）とあり、仏性を有し、成仏することのできる衆生から、明らかに一闡提を排除している。しかし、巻第二十七、師子吼《ししく》菩薩品には、「一闡提等に悉《ことごと》く仏性有り。何を以ての故に。一闡提等は定《さだ》んで当に阿耨多羅三藐三菩提を成ずることを得べきが故なり。」（同前・五二四下）とあり、一闡提が仏性を有し成仏することが説かれている。

(8)釈尊は悟りを開いた後、世の人々が欲望に支配されているため、自分の悟った法をとても理解できないであろうと考え、その法を説くことを断念して、そのまま涅槃に入ろうとしたという。そのとき、バラモン教の世界創造神、梵天（ブラフマー）が現われ、釈尊に説法を願った。これは梵天勧請（勧請は、お願いするの意）と呼ばれている。『サンユッタ・ニカーヤ』には、「わたしのさとったこの真理は深遠で、見がたく、難解であり、しずまり、絶妙であり、思考の域を超え、微妙であり、賢者のみよく知るところである。」（中村元訳『悪魔との対話』八三頁、岩波文庫）という釈尊の言葉が伝えられている。

(9)この誰もが成仏できるという『法華経』の思想は、提婆達多品に説かれる悪人成仏・女人成仏にもよく示されている。つまり、仏教史において大悪人とされ、生きながら地獄に落ちたとされる提婆達多（デーヴァダッタ）が過去世において釈尊の師であったことが明かされ、その縁によって授記される。また、サーガラ龍王の八歳になる娘（龍女）が速やかに成仏することが説かれる。実は、釈尊の時代には、男性も女性も仏教の悟りを得ることにおいて平等であったが、後に仏教もインド社会の男尊女卑的な文化の影響を受け入れて、女性は成仏できないと考えるようになった。『法華経』においては、そのような考えを打破するために、龍女の成仏を説いたのである。『法華経』の龍女の成仏は、当時のインドの性差別思想を反映して、変成男子という現代から見ると変則的な形式をとっているが、日本の日蓮は、当然『法華経』のこの説明の特色を知りながらも、自己の責任において、龍女の成仏を即身成仏であると断言している。

(10)『宝物集・閑居友・比良山古人霊託』（『新日本古典文学大系』四〇、岩波書店、一九九三年）三八〇～三八一頁を参照。

(11) 本書の一六七～一七一頁を参照。

(12)「過ぎ去るものである」に対応するパーリ語（vayadhamma）は、磨滅法《まめつほう》、衰滅法《すいめつほう》などと漢訳されるものであるが、その意味するところは「無常」と同趣旨と考えてよいと思う。

(13) この点について、田村芳朗氏は、「法華経は、付嘱に関連した菩薩行が中心をなすものであり、その視点に立つとき、法華経は、授学無学人記品第九と法師品第十とのあいだで一線を画し、法師品から如来神力品・嘱累品までが一グループを構成し、成立としては、それ以前の章より遅いけれども、思想としては、ここに法華経の中心部門があるといえよう」（「法華経における菩薩精神」［西義雄編『大乗菩薩道の研究』所収、一九六八年、平楽寺書店］二二三六頁）と述べている。

(14)「菩薩為欲饒益有情、願生悪趣、随意能往。」（大正四九・一五下）を参照。

(15) 異訳の真諦訳『部執異論』にも、「もし（釈迦）菩薩が悪道に生まれようと願えば、願力のゆえに、すぐに（悪道に）行って生まれることができる。」（「若菩薩有願欲生悪道、以願力故、即得往生。」大正四九・二〇下）とある。山田龍城『大乗仏教成立論序説』（平楽寺書店、一九五九年）一六二〜一六四頁を参照。また、中村元『原始仏教から大乗仏教へ』（春秋社、一九九四年）九五―九六頁を参照。

(16) ニーチェの「運命愛」（amor fati）にも通じる点があると思う。

(17)『法華経』の成立を歴史的観点から見れば、地涌の菩薩は、『法華経』が印度で成立した時点における『法華経』の信仰者の自画像、自意識であったと推定される。

(18) 譬喩品の描写については、大正九・一三下〜一四中を参照。

(19) 娑婆世界が穢土であることに関して、方便品の五濁悪世と譬喩品の火宅の描写に注目することは、勝呂信静『増訂　法華経の成立と思想』（大東出版社、一九九六年。初版は一九九三年）二八一〜二八二頁を参照。

(20) この点について、本文で引用した鳩摩羅什訳、「我本行菩薩道、所成寿命、今猶未尽。」に対応する梵本では、「善男子よ、わたしには、いまなおかつての菩薩行は成しとげられていず、寿命の量もまた満たされていない。」"na ca tāvan me kula-putrā adyāpi paurvikī bodhisattva-caryā pariniṣpādit, āyuṣ-pramāṇam apy aparipūrṇam"(*Saddharmapuṇḍarīka*, ed. by H.Kern and Bunyiu Nanjio, p. 319)とあり、釈尊が菩薩行を成就していない、つまりさらに菩薩行を継続することを説いている。 田村芳朗、前掲論文、二五〇頁を参照。翻訳も田村氏による。ただし、中村瑞隆氏は、鳩摩羅什訳に一致する梵本も存在することを指摘している。『現代語訳 法華経』下(春秋社、一九九八年)二三七頁を参照。

(21)『無量寿経』巻上、「たとい私が成仏しても、国に地獄・餓鬼・畜生があれば、正しい悟りは取らないであろう。」(「設我得仏、国有地獄餓鬼畜生者、不取正覚。」大正一二・二六七下)を参照。

(22)湛然『法華文句記』巻第九下、「それゆえ経に『私の国土は壊れず、常に霊山に存在する』という。どうしてブッダガヤーを離れて別に常寂光土を求めるのか。寂光土の外に別に娑婆があるのではないのである。」(「故経云、我土不毀、常在霊山。豈離伽耶別求常寂。非寂光外別有娑婆。」大正三四・三三三下)を参照。

(23)『法華経』の宗教的寛容については、ジーン・リーヴス(Gene Reeves)「『法華経』と宗教的寛容」(竹内整一・月本昭男編『宗教と寛容―異宗教・異文化間の対話に向けて』所収、大明堂、一九九三年)を参照。

(24)中村元『原始仏教の思想Ⅰ』（春秋社、一九九三年）一九六～二〇〇頁に、「もろもろの論争を超越している、一切の妄想を超越している、偏見を離れている」という、中村氏の評価を記す原始経典が引用されているが、ここでは具体的な資料の引用は省略する。ゴータマ・ブッダの真理観を考察するにあたり、とくに資料面で、中村元『原始仏教の思想Ⅰ』を参考とした。

(25)この話は、『中部経典』に出る（*Majjhima-Nikāya*, I, pp. 426-432）。対応する漢訳経典は、『箭喩経《せんゆきょう》』（『大正新脩大蔵経』九四番、第一巻所収）である。パーリ語のテキストについては、The Pali Text Society刊行のものを用いる。

(26)この話は『ウダーナ』に出る（*Udāna*, VI, 4, pp. 66-69）。対応する漢訳経典は、『義足《ぎそく》経』上巻「鏡面王経」（『大正新脩大蔵経』一九八番、第四巻所収）である。中村元『原始仏教の思想Ⅰ』（前掲同書）二五四頁を参照。

(27)星川啓慈氏が、宗教的寛容の基盤に、「人間の真理認識能力の限界の自覚」をおいたことは妥当であると考える。田丸徳善・星川啓慈・山梨有希子『神々の和解――二一世紀の宗教間対話』（春秋社、二〇〇〇年）八六頁を参照。

(28)『法華経』は仏教以外の宗教との関係を主題としていないので、他の宗教への言及はほとんど見られない。ただし、『法華経』譬喩品には、『法華経』以外の他の仏教経典や仏教以外の典籍にかかわらない者に対して、『法華経』を説くべきであるという教えが見られ（大正九・一六中）、安楽行品には、近づいてはならない者を列挙するなかに、「外道・梵志」

が取り上げられている（大正九・三中）ことは注意すべきである。

(29) この「サッダルマ」は、智慧や慈悲などの特性として主体化することのできる真理であり、実践的には誰もが成仏できるという思想（一仏乗の思想）として説明されるべきものである。言い換えれば、すべての衆生を平等に成仏させる働きを持つ真理がサッダルマであり、そのサッダルマが主体化される場合には、智慧や慈悲などの特性となると考えられる。

(30)「三変土田」の用語の出典については、『法華玄義』巻第六上（大正三三・七五一下）などを参照。

(31)『法華経』方便品には、このような小善成仏の実例が列挙される。大正九・八下～九上を参照。「小善成仏」の用語は、『法華文句』巻第六上に、「今経に小善成仏を明かす。此れは縁因を取りて仏種と為す。若し小善成仏を信ぜずば、即ち世間の仏種を断ずるなり。」（大正三四・七九中）などと出る。

(32) ジョン・ヒック（John Hick）、ポール・F・ニッター（Paul F. Knitter）編『キリスト教の絶対性を越えて―宗教的多元主義の神学』（八木誠一・樋口恵訳、春秋社、一九九三年。原著は、*The Myth of Christian Uniqueness : Toward a Pluralistic Theology of Religions*, New York: Orbis Books, 1987）五～一一頁を参照。

(33) 西谷幸介『宗教間対話と原理主義の克服―宗教倫理的討論のために』（新教出版社、二〇〇四年）、とくに第二章「排他主義・包括主義・多元主義という類型論の曖昧性」を参照。西谷氏は、宗教の類型論として、ヒックよりもリンドベックの「認知—命題型」「体験—表出型」「文化—言語型」の有効性を主張している。ジョージ・リンドベック『教理の本質』（田丸徳善監修、星川啓慈・山梨有希子訳、ヨルダン社、二〇〇三年）を参照。また、星川啓慈「宗教間対話における〈教理〉の問題」（星川啓慈・山梨有希子編『グローバル時代の宗教間対話』一—四八頁、大正大学出版会、二〇〇四年）を参照。

(34) 中国の天台宗の智顗の立場は、第二の解釈が強いが、第一の面がないわけではない。先に引用した「正直捨方便　但説無上道」も、智顗が『法華玄義』において、蓮華の華落蓮成《けらくれんじょう》（花が落ちて実が成ること）の姿が廃権立実《はいごんりゅうじつ》（権を廃して実を立てること）をたとえることの経証として引用したものである（大正三三・六八一中）。智顗の法華経観については、智顗は法華経至上主義というよりも、円教至上主義であることを論じたことがある。「智顗と吉蔵の法華経観の比較—智顗は果たして法華経至上主義者か？」（『平井俊榮博士古稀記念論文集・三論教学と仏教諸思想』一五五—一七〇頁、春秋社、二〇〇〇年。拙著『法華経思想史から学ぶ仏教』［大蔵出版、二〇〇三年］一六一—一七四頁に再録）を参照。天台宗の法華経至上主義の形成には、湛然（七一一—七八二）が大きな役割を果たしたと思われる。智顗と湛然の間には、華厳経至上主義の立場に立つ華厳宗の成立、三乗真実・一乗方便を唱える法相宗の成立、教外別伝を唱える禅宗の成立などがあったので、これらの諸宗派との対抗上、湛然は法華経至上主義を強調するに至ったと推定される。日蓮は湛然の直接的な影響を受けたと見なされる。

(35) 日蓮は、安楽行品と勧持品の修行を二者択一のものと捉え、日蓮の活躍した日本・鎌倉時代（末法時代）という時代と地域に関する特殊な限定のもとで勧持品を選んだ。しかしながら、現代・世界という新たな条件のもとでは、安楽行品の所説を見直す価値があると、私は考える。

(36)『法華文句』巻第八下、「天台師は言っている。『止観の慈悲は、（身・口・意の）三種の業と誓願を導く』と。……これを身体的行為の安楽行と名づける。その他の口・意・誓願も同様である。」（「天台師云、止観慈悲導三業及誓願。……是名身業安楽行。余口意誓願亦如是。」大正三四・一一九上）を参照。他の注釈家やとくに慧思の四安楽行については、拙稿「慧思『法華経安楽行義』の研究（2）」（『東洋哲学研究所紀要』二〇、二〇〇四年一二月）を参照。

(37)「菩薩摩訶薩於後悪世、云何能説是経。」（大正九・三七上）を参照。

(38)「若菩薩摩訶薩於後悪世欲説是経、当安住四法。」（同前）を参照。

(39)「若菩薩摩訶薩住忍辱地、柔和善順、而不卒暴、心亦不驚、又復於法無所行、而観諸法如実相、亦不行不分別、是名菩薩摩訶薩行処。」（同前）を参照。

(40)この交際範囲の制限には、声聞になることを求める者に近づいてはならないなどの排他的態度も見られる（同前を参照）。また、近づいてはならない職業が取り上げられており、ある種の職業に対する差別思想が見られ、一切衆生の成仏を目指したはずの『法華経』の立場と相容れないものを感じるが、時代思潮の制約から完全には自由になっていないことを認めるべきであると思う。この点は、他の古い宗教聖典も同様であろう。

(41)「若口宣説若読経時、不楽説人及経典過、亦不軽慢諸余法師。不説他人好悪長短。於声聞人亦不称名説其過悪、亦不称名讃歎其美。又亦不生怨嫌之心。善修如是安楽心、故諸有聴者、不逆其意。有所難問、不以小乗法答、但以大乗而為解説、令得一切種智。」（大正九・三八上）を参照。

(42)「無懐嫉妬諂誑之心。亦勿軽罵学仏道者、求其長短。若比丘比丘尼優婆塞優婆夷、求声聞者、求辟支仏者、求菩薩道者、無得悩之、令其疑悔、語其人言、汝等去道甚遠、終不能得一切種智。所以者何、汝是放逸之人、於道懈怠故。又亦不応戯論諸法、有所諍競。当於一切衆生起大悲想、於諸如来起慈父想、於諸菩薩起大師想。於十方諸大菩薩、常応深心恭敬礼拝。於一切衆生平等説法。以順法故、不多不少。乃至、深愛法者、亦不為多説。」（大正九・三八中）を参照。

(43)「於在家出家人中生大慈心、於非菩薩人中生大悲心、応作是念、如是之人、則為大失。如来方便随宜説法、不聞不知不覚、不問不信不解。其人雖不問不信不解是経、我得阿耨多羅三藐三菩提時、随在何地、以神通力智慧力引之、令得住是法中。」（大正九・三八下）を参照。

(44)「若有善男子善女人、如来滅後、欲為四衆説是法華経者、云何応説。是善男子善女人入如来室、著如来衣、坐如来座。爾乃応為四衆広説斯経。如来室者、一切衆生中大慈悲心是。如来衣者、柔和忍辱心是。如来座者、一切法空是。」（大正九・三一下）を参照。

(45)前注（27）を参照。

初出一覧

序　章　ゴーダマ・ブッダの生涯と思想　［原題「釈尊の思想と『法華経』の特色―現代との接点」］（『東洋学術研究』48-1, 2009 年 5 月）の一部

第 1 章　『法華経』とは何か　――　書き下ろし

第 2 章　現代に生きる『法華経』（菅野博史著『法華経思想史から学ぶ仏教』所収，大蔵出版、2003 年 3 月／『東洋学術研究』42-1, 2003 年 7 月／東洋哲学研究所編『大乗仏教の挑戦―人類的課題へ向けて―』所収, 東洋哲学研究所, 2006 年 9 月）

第 3 章　「救われる者」から「救う者」へ ―― 誓願に生きる［原題「『法華経』における菩薩道と現実世界の重視」］（『東洋学術研究』46-1、2007 年 9 月）
本章の「五　天台智顗と日蓮の『法華経』の思想」は、第一章と同様に、原題「釈尊の思想と『法華経』の特色―現代との接点」（『東洋学術研究』48-1, 2009 年 5 月）の一部

第 4 章　宗教的寛容について［原題「『法華経』の包括主義と宗教的寛容」］（『東洋学術研究』43-2, 2004 年12月／東洋哲学研究所編『平和を目指す仏教―大乗仏教の挑戦Ⅱ』所収, 東洋哲学研究所、2007 年 9 月）

第 5 章　宗教間対話について［原題「『法華経』と宗教間対話」］（『東洋学術研究』45-1, 2006 年 6 月）

なお、本書の第 2 章から第 5 章までは、英訳と中国語訳がある。関心のある方には参照していただきたい。

第 2 章 The Modern Significance of the *Lotus Sūtra*, The Journal of Oriental Studies 14, 2004.10, pp. 95-111.
《法華経》的現代意義（李四龍・周学農主編『哲学、宗教与人文』所収, 商務印書館 ,2004 年 12 月, pp. 639-649）

第 3 章 The Bodhisattva Way and Valuing the Real World in the *Lotus Sūtra*, The Journal of Oriental Studies 17, 2007.10, pp. 180-197.
《法華経》的菩薩道及其重視現實世界的思想（『儒釋道之哲学対話』所収, 商務印書館, 2007 年 7 月 , pp. 221-237）

第 4 章 Inclusivism and Religious Tolerance in the *Lotus Sūtra*, The Journal of Oriental Studies 15, 2005.12, pp. 94-108.
《法華経》的包容主義与宗教寛容（『世界宗教研究』増刊, 総第 100 期 , 2004 年 12 月, pp. 62-70）

第 5 章 The *Lotus Sūtra* and the Dialogue of Religions, The Journal of Oriental Studies 16, 2006.10, pp. 139-155.
《法華経》与宗教間対話（『首届世界佛教論壇文集・論文中文巻 和諧世界従心開始』所収, 宗教文化出版社, 2006 年 4月, pp. 406-417 ／『仏学研究』総 15 期, 2006 年 12 月, pp. 65-72）

【索引】

菅野博史（かんの・ひろし）

1952年　福島県に生まれる。
1976年　東京大学文学部卒業
1984年　東京大学大学院博士課程単位取得退学
1994年　文学博士（東京大学）

創価大学文学部教授、中国人民大学客員教授。専門は仏教学、中国仏教思想史。

著書・訳書
『法華玄義』上・中・下
『法華文句』Ⅰ～Ⅳ
『現代に生きる法華経』
『法華経の七つの譬喩―初めて学ぶ『法華経』―』
『一念三千とは何か―『摩訶止観』（正修止観章）現代語訳―』
（以上、第三文明社）
『法華経入門』（岩波書店）
『南北朝・隋代の中国仏教思想研究』
『法華玄義を読む―天台思想入門』
『法華経―永遠の菩薩道　増補新装版』（以上、大蔵出版）
『中国法華思想の研究』
『法華とは何か―『法華遊意』を読む―』（以上、春秋社）ほか。

現代《げんだい》に生《い》きる法華経《ほけきょう》　レグルス文庫269

2009年8月1日　初版第1刷発行
2016年8月24日　初版第2刷発行

著　者　菅野博史《かんのひろし》
発行者　大島光明
発行所　株式会社　第三文明社
東京都新宿区新宿1-23-5　郵便番号　160-0022
電話番号　03(5269)7144（営業代表）
03(5269)7145（注文専用ダイヤル）
03(5269)7154（編集代表）
URL　http://www.daisanbunmei.co.jp
振替口座　00150-3-117823
印刷所　明和印刷株式会社
製本所　株式会社 星共社

ISBN978-4-476-01269-9

REGULUS LIBRARY

レグルス文庫について

レグルス文庫〈Regulus Library〉は、星の名前にちなんでいる。厳しい冬も終わりを告げ、春が訪れると、力づよい足どりで東の空を駆けのぼるような形で、獅子座〈Leo〉があらわれる。その中でひときわ明るく輝くのが、このα星のレグルスである。レグルスは、アラビア名で〝小さな王さま〟を意味する。一等星の少ない春の空、たったひとつ黄道上に位置する星である。決して深い理由があって、レグルス文庫と名づけたわけではない。ただ、この文庫に収蔵される一冊一冊の本が、人間精神に豊潤な英知を回復するための〝希望の星〟であってほしいという願いからである。

都会の夜空は、スモッグのために星もほとんど見ることができない。それは、現代文明に、希望の冴えた光が失われつつあることを象徴的に物語っているかのようだ。誤りなき航路を見定めるためには、現代人は星の光を見失ってはならない。だが、それは決して遠きかなたにあるのではない。人類の運命の星は、一人ひとりの心の中にあると信じたい。心の中のスモッグをとり払うことから、私達の作業は始められなければならない。

現代は、幾多の識者によって未曾有の転換期であることが指摘されている。しかし、その表現さえ、空虚な響きをもつ昨今である。むしろ、人類の生か死かを分かつ絶壁の上にあるといった切実感が、人々の心を支配している。この冷厳な現実には目を閉ざすべきではない。まず足元をしっかりと見定めよう。眼下にはニヒリズムの深淵が口をあけ、上には権力の壁が迫り、あたりが欲望の霧につつまれ目をおおうとも、正気をとり戻して、たしかな第一歩を踏み出さなくてはならない。レグルス文庫を世に問うゆえんもここにある。

一九七一年五月

第三文明社

レグルス文庫／既刊

ラーマーヤナ(上)(下)	河田清史
大智度論の物語(一)(二)	三枝充悳
法華経現代語訳(上)(中)(下)	三枝充悳
天台大師の生涯	京戸慈光
仏法と医学	川田洋一
仏教史入門	塚本啓祥
唯識思想入門	横山紘一
中国思想史(上)(下)	森三樹三郎
ユングの生涯	河合隼雄
牧口常三郎	熊谷一乗
価値論	牧口常三郎
ガンディーの生涯(上)(下)	K・クリパラーニ 森本達雄 訳
中論(上)(中)(下)	三枝充悳訳註
愛と性の心理	高山直子
魯迅の生涯と時代	今村与志雄
精神のエネルギー	ベルクソン 宇波 彰 訳
内なる世界―インドと日本	カラン・シン 池田大作
一念三千とは何か	菅野博史
法華経の七つの譬喩	菅野博史
牧口常三郎と新渡戸稲造	石上玄一郎
ギタンジャリ	R・タゴール 森本達雄 訳
創価教育学入門	熊谷一乗
自我と無意識	C・G・ユング 松代洋一・渡辺学 訳
外国文学の愉しみ	辻 邦生
思考と運動(上)(下)	ベルクソン 宇波 彰 訳
21世紀文明と大乗仏教	池田大作

レグルス文庫／既刊

わが非暴力の闘い　ガンディー 森本達雄訳
非暴力の精神と対話　ガンディー 森本達雄訳
よくわかる日本国憲法　竹内重年
舞え！ HIROSHIMAの蝶々
――被爆地からのメッセージ――　創価学会青年平和会議編
平和への祈り――長崎・慟哭の記録――　創価学会青年平和会議編
柳生石舟斎　吉川英治
菊一文字　吉川英治
篝火の女　吉川英治
龍馬暗殺　早乙女貢
五稜郭の夢　早乙女貢

精神医学の歴史　小俣和一郎
信教の自由と政治参加　竹内重年
法華文句(Ⅰ)～(Ⅳ)　菅野博史訳註
食事崩壊と心の病　大沢博
生活に生きる故事・説話(インド編)(中国・日本編)　若江賢三 小林正博
生命文明の世紀へ　安田喜憲
ナポレオン入門　高村忠成
「人間主義」の限りなき地平　池田大作
調和と生命尊厳の社会へ　石神豊
ドストエフスキイと日本人(上)(下)　松本健一
魯迅――その文学と闘い　檜山久雄
現代に生きる法華経　菅野博史